U0023154

WEALTH

天窗出版

價值解密

透視企業的核心價值

小薯 著

基礎分析無分國界

鍾記

人氣財經博客《股壇老兵鍾記 長勝之道》作者

認識 Blogger 小薯兄（網誌：「重思人生 —— 思考投資人生的80後小薯」）始於他在2018年8月14日寫了一篇名為「價值被低估的優質投資書籍：《選股與估值 —— 價值投資的得勝之道》」的書評。我通過亮光出版社社長問准小薯兄的同意，把其讀後感刊登在我的《選股與估值》2019年版內。

之後他對我的另外三本書也寫了詳細的書評，包括「《財報估值投資攻略》讀後感（2019年7月27日）」、「股災下的清泉 —— 鍾SIR新作《資產配置 逆向思維》讀後感（2020年6月12日）」及「讀書三省吾身 —— 《投資框架的構建與堅守》讀後感（2021年7月20日）」，讓我知道讀者對自己的書的反應。看過這些文章後，我不禁要說一句：「小薯兄，你最明白我寫書的鋪排！作為導讀真的很不錯呢！」

從小薯兄的網誌，得知小薯兄參加了四次我的分享會，分別是「亮光理財 x 鍾記 投資講座」（2018年4月15日）、鍾記投資講座《學懂管理投資組合》——「資產配置 逆向思維」（2019年4月8日）、亮光「投資人生」講座（2021年7月17日）與《投資框架的構建與堅守》新書分享會（2021年8月17日），真的十分捧場。

原來小薯兄更是「鍾記價值投資學會」Telegram 群組內的學員，因為他曾參加了亮光為我舉辦的「基礎投資課程」和「財報進階班」。小薯兄以他的專業會計學識和工作經驗，熱心在群組分享投資知識，尤其是與會計財務相關的問題，小薯兄都樂於悉心解說，十分專業，令其他學員獲益良多。在現今功利的社會，難得小薯兄毫不吝嗇地跟別人分享投資知識和心得，這點非常值得欣賞，令我留下深刻印象。

小薯兄寫網誌的內容充實、專業、有條不紊，當中涵蓋價值投資理念、上市公司的企業管治、財報陷阱的分析和拆解、企業的商業模式、估值計算、好書推介等，深受網友喜愛。個別上市公司的分析文章更是非常深入，抽絲剝繭，盡顯小薯兄專業會計知識的功力。

2020 年 4 月，很榮幸收到小薯兄的邀請，為他當時的新書《年報解密──揭露公司價值真相》寫推薦序。原本我是非常樂意的，但由於自己當時也正在忙於編寫新書《資產配置 逆向思維》，考慮到兩本書大概都會同期推出，而內容也許會有相似的地方，亮光出版社有點擔心日後有可能產生不必要的誤會，因此我只好無奈地婉拒了小薯兄的邀請。

一年多後，終於再次收到小薯兄的邀請，為他的第二本新書《價值解密──透視企業的核心價值》寫推薦序。由於小薯兄的投資理念與自己相近，加上與他的「淵源」，我當然一口答應。

小薯兄的這本新書，主題是談「價值投資」、「財務分析」（包括正確的態度、財務分析師研究上市公司的分析步驟和技巧），並帶出「投資是為自己的人生負責」的觀念。書中花了不少篇幅教導讀者如何進行基礎分析，藉此了解公司的基本業務和生意模式、行業的競爭情況、公司的財務狀況、業務前景及風險因素等。基礎分析能夠幫助投資者挑選優質企業及計算公司的「內在價值」，從而提高回報率與減低投資風險。小薯兄在書中列舉了港股及美股作為例子，說明基礎分析方法無分國界，在兩地市場都能用上。

世上沒有免費午餐，也沒有不勞而獲，要投資成功便要下工夫。股票研究分為兩大門派——基礎分析和技術分析。假如讀者相信前者，兼且是價值投資的信徒，並想學習和掌握基礎分析的步驟和要訣，小薯兄這本書非常值得推薦。

倘若初學投資者熟讀小薯兄的第一本書《年報解密——揭露公司價值真相》及新書《價值解密——透視企業的核心價值》，以後閱讀上市公司的年報時便不會覺得是一件苦差，執行價值投資更會得心應手呢！

道出股票「冧巴」的虛實

止凡

人氣財經博客《取之有道》作者

首先恭喜小薯兄又有新著作面世。可能不少讀者在想「又是止凡序？是否有點濫呢？」的確我也記不起曾經替過多少Blogger好友的著作寫序言，請別見怪。

能成為Blogger好友，多會有著差不多的「頻率」，若簡單形容這些「頻率」，大概是喜愛價值投資、慷慨分享、正氣、正面、態度好、謙卑等特質，這並非「賣花讚花香」，只是一個客觀歸納。當然，眾多Blogger好友，哪個有料？哪個無料？實在各有千秋，但依據這些「頻率」或特質，他們總能做到與讀者一起成長。

小弟交友時，應用價值投資中一個很棒的概念，「模糊的正確」比起「精準的錯誤」更好，好友之間亦然，不要拿著放大鏡去看好友的錯誤，只需要彼此能確認到「模糊的正確」就可以了，我比較喜歡這個朋友間的相處之道。

說回這本書，小薯兄在書中討論了不少「冧巴」（股票編號），包括美股科技、歐洲品牌、香港傳統資產類型、零售、內地科網都有，而且每一個範疇以及每一支股票，都並不是如財演般花一兩

分鐘就點評完畢，而是頗詳細地帶出他對這些冧巴的感覺。感覺是虛，數字是實，虛虛實實，介乎於科學與藝術之間，這樣寫出來我最喜歡。

「價值」這個概念，可能有投資者投資一輩子也還未弄懂。一開始小薯兄就大膽地討論「價值」這個非常艱深的理念，可見他並不想寫一本工具書出來，但又不缺實在的數字，令此書可閱性甚高。

最後，祝小薯兄這本著作大賣，造福人群。

止凡

寫於2021年12月

重現價值本質

AC 儲蓄

人氣財經博客《儲蓄為樂》作者

相信翻開此書的你，同樣希望透過閱讀此書，來增長自己的財商，從而能領略更多商業及企業的投資價值，並在這方面有著成長的渴望。

小薯兄他最吸引人的特質，是他有著少數人擁有的東西，就是有著對於商業的理解，並能透過對會計數字的理解和估值背後的意義相融合，不是一般能透過訓練或課程就能輕易學會的天賦。加上小薯兄他平易近人，為人謙卑，而且又不缺以幽默和「語重心長」去導人向善的言行，因此有著不少的讀者或粉絲（包括小弟）都很喜歡追隨和拜讀他的文章或 Blog 文，甚至願意付費去訂閱他的 Patreon，無條件去支持他，希望支持他能不斷寫下去。

因此有著高財商、正品德、懂謙卑的人去引領我們去導讀商業或企業業務的價值，從而作投資決定，實在是讀者的福份。

回到著作，這本書最好看的地方，是身為 CPA（註冊會計師），並且懂編寫年報的小薯兄，不但熟悉會計數字背後真正的意義，並且能以投資者的角度，帶你我一起去了解公司最有價值的地方。

例如，我們都知道，一間優質的公司，其利潤最好就是從主營業務賺取得來，如果利潤是由一些非營業的收入而來，此部分收入來源不能長久。因此在書中，小薯兄進一步地去分析主營業務利潤的構成，了解公司是靠什麼業務賺錢，讓你看到企業的真正價值。

此外，小薯兄更在書中提醒看年報時，需要避開一些慣性思維。例如，在港鐵的年報裡，很多人可能看到「中國內地及國際附屬公司收入」，很多人都會以為當中，一定是中國內地的收入佔多，但再深入去看才知道，在中國內地的收入只佔這部分的3%，而墨爾本才是佔這部分的最多，有近50%。因此投資分析時，除了要看香港的經濟數據外，比起中國內地，更需要去看墨爾本的經濟數據。

甚至如現今很多人談論的科技股，如Amazon，你知道從年報中哪些數據，可以看出公司管理層如何看待自己公司的業務？又例如，對於投資夕陽產業，如何看出其是真衰退，還是有機會「起死回生」？還有，對於選擇起死回生股的重要原則和數據範例，一一都能在書中找到。

看此書時，你可選擇以看故事的形式，學習小薯兄的思維和分析時會考量的地方；也可選擇以練習的形式，跟他記錄年報的重要數字，提升閱讀年報的功力。

我們必須得能夠像小薯兄一樣，擺脫「新經濟」、「舊經濟」的思維，從而回歸尋找企業能否創造出價值的初衷。

而如何去找出企業的價值，有時候我們需要一個帶有溫度的人，來為我們解讀這些部分，而這個人就是這本著作的小薯兄了。

最後，我相信小薯兄的第一本著作《年報解密》，能開啟新手學習閱讀年報之門。而這第二本著作，更是彌補了很多人閱讀年報的缺陷。尤其是當你閱讀完此書，了解過後，對於企業的價值都清晰了，自己再去看該企業年報，相信你對該企業是否是一個好企業或是好投資，會有一個更確定的認知。

最後，很感謝小薯兄的邀請，並感恩能為讀者們送上這推薦序。

敬祝小薯兄一紙風行。謝謝。

發掘真正創造價值的公司

林正宏

SCMP / IFPHK「2009 年香港傑出財務策劃師大獎」全港總冠軍 /
CFPCM 認可財務策劃師 / 香港財務策劃師學會前董事會員

投資是一件既吸引人又令人卻步的事情。為甚麼呢？吸引人是因為如果投資做得好，可以令人踏上財務自由甚至致富的康莊道路；令人卻步是因為投資牽涉很多艱澀難懂的術語和複雜的理論，成功的投資者更要懂得控制貪婪和恐懼等人性的弱點。如果處理不善，不但致富無望，更可能導致重大虧損。因此，多數人一是選擇遠離投資，眼見現金貶值跑輸通脹都不願參與。另一種則是盲目跟風或跟貼士投資，見到甚麼升得多便買甚麼。這些方法行得通嗎？短時間可能沒有大問題，但長遠肯定不是理想的做法。

價值投資一直被形容為孤獨的小眾行為。甚至有人以近幾年的市況來判定價值投資已過時，不再適合現今的世界。筆者同意價值投資是小眾的行為，過程中需要付出相當多的時間及要有獨立思考的能力去尋找具價值的公司，更要有紀律地等待合適的時機才出手，期間可能有很多的聲音令你動搖。因此，成功的價值投資者絕對需要非比尋常的毅力、恒心和耐心才能做到。不過如果成功做到便有機會獲得豐碩的成果。

關鍵之一是如何判斷價值。小薯是筆者相識多年的好朋友，他不單有專業會計師和財務工作的背景，而且是一個心思慎密兼有獨立思考能力的人。筆者很喜歡和他討論金融投資相關的事情。你看他的 Blog 有那麼多粉絲就知道他的文章有多受歡迎。今次《價值解密——透視企業的核心價值》是小薯第二本著作，和第一本書不同，這本書更深入討論甚麼是價值投資，再配合如何運用財務報表去發掘公司的價值。

筆者很認同小薯所講價值投資絕不是純粹尋找股價低於估值的投資項目，而是如何發掘能真正創造價值的公司。不過知易行難，如何做到才是大學問。套用小薯書中所講必須的條件（Necessary Condition）和充份的條件（Sufficient Condition）的關係，懂得閱讀財務報表不表示能做好價值投資，但要做好價值投資必須要有紮實的閱讀財務報表的能力。因此，如果希望在投資路上做出好成績，這本書絕對值得一看。事實上買一本好書的金錢很有限，更重要是否願意投入心機和時間去仔細閱讀並且付諸實行。願大家都能在投資上愈做愈好，亦祝願小薯的新書熱賣。

開拓投資思維指南

Kano
人氣財經博客《Kano手記》作者

經TG跟小薯兄交流投資見解年餘，有幸在此為小薯新書寫下序文一篇。閱畢此書之時，腦海中浮現一句我們經常掛在口邊的說話：

· 投資所得，是投資者對現實認知的變現。

· 投資所虧，是投資者對現實認知的缺陷。

在現實的生活中有兩種會計師。

第一種是擁有專業知識，知道財務報表會出現「洗大浴」，因此不完全相信財報，而不投資的會計師。

第二種是擁有專業知識，也明白財務報表出現「洗大浴」的可能性，但能透過專業知識，還原公司的整體營運情況，進而做出合理的投資決定，從中獲利。

無疑，小薯兄便是後者的表表者。在跟小薯的交流中，每每能從微絲的線索中慢慢把拼圖一塊塊的尋回。從而推斷公司的營運，也推算出管理層的意圖。

投資不是「我覺得」、「我認為」的事，投資是基於事實及數據的支持。

當你從數據中明白了事件的全貌，就好像立於上帝的視野，配合對手及市場調查，買賣股票便是投資，不再是賭博，不再是考眼光，而是一種等價交易。

而此書便是凝聚小薯兄的多年經驗的心得，是投資初學者開拓思考時的指南。

如果你懷著好奇打開財報卻滿腦疑惑，歡迎打開此書覓得方向。

願祝小薯兄新書一紙風行，推動價值投資。

在 2020年年初,小薯受到天窗出版社的邀請,出版了人生的第一本著作《年報解密》。當時,小薯其實抱著沒有甚麼可以輸的心態去寫,同時很自大的,希望更多人去留意、去閱讀、去了解整本年報。因為在這個專業貶值的年代,一眾專業年復一年的去編撰年報。從普通人眼中,可以認為這班專業只是打份工;從這班專業眼中,除了只是一份工,也是頂著作為專業的責任和尊嚴;而從投資者眼中,這班專業就為他們搭建與管理層的溝通橋樑和評核了公司的成績表。小薯就希望通過《年報解密》讓大眾明白一眾專業的心血結晶。

事隔一年,我們大眾靠自己挺過了2020年Covid-19最嚴重的時間,投資者也挺過了2021年股票市場的不明朗。撰筆寫序時為2022年農曆新年,全球仍受Omicron變種病毒困擾,但各國政府在應對上已愈來愈成熟;股票市場則受不明朗因素如加息、通脹、縮表、供應鏈問題困擾,但投資者對前兩者的預期幾近確定,並應該已經開始調整應對,而縮表何時發生,供應鏈問題什麼時候能解決,我們仍未知道,不過,作為投資者,也要未雨綢繆,預早準備,減低投資組合的風險。2020年及2021年,讓普通大眾重新學懂珍惜,讓投資者重新明白變化原是永恒。

在投資上,2019年讓小薯學懂放眼世界,2020年讓小薯學懂不作比較,2021年則讓小薯學懂沉著應對。這三年,如果投資者心存謙卑、尊重市場,縱使金錢上未必有收獲,但相信也能在市場中有所得著。

說回這本書，可以說是《年報解密》的延續。《年報解密》介紹了小薯的投資理念，以及詳細解釋一本年報包括「會計三寶」（以這個 Term 向鍾 Sir 致敬）在內的不同部分，讓大家了解公司的一舉一動和管理層的想法。同時，也討論了一些公司的會計化妝技巧和通過杜邦分析法與大家一起找出公司成功的引擎。

今次在《價值解密——透視企業的核心價值》一書裡，小薯再進一步闡述了自己的投資理念，緊接就是以《年報解密》對年報知識的基礎，進一步跟大家一步步分析公司。因為基於網上資源包羅萬有，不同資料對不同的分析有不同的功用，而不同來源的資料也可能會加入作者的觀點，所以小薯經常說投資者應該盡量利用一手資料分析，不要因為懶而只找第二、三手資料，因此小薯不會提供甚麼雞精網站，最重要是確保自己不會被有偏頗的網上資料所影響，以客觀求證。本書同樣會以年報為基礎，帶各位讀者理解公司的生意模式，了解其商業邏輯，再配以財務上的分析，去得到自己的評價結論，從而驗證網上的資料是否正準確。

小薯認為，公司年報就是它們的健康檢查報告，財務報表是檢查的重要資料，業務討論（業務概況、經營討論、重要事項）的表述就是診斷的總結與評估。因此我們分析，不是為了獲得別人的認同，不是為再確認別人的觀點。即使我們很認同某篇文章的觀點，也不要為了確認文章的「分析」去找資料支持、加強對文章中的觀點的認同。反而，我們應該通過分析公司財務、業務的歷史事實，自行分析，閱讀其他文章只是輔助，得出能夠說服自己

價
值
解
密
——
透
視
企
業
的
核
心
價
值

的結論，再作出投資決策。本書正正希望以《年報解密》對年報的知識的基礎，為大家打開分析公司的入口，之後的分析工作，就要各位讀者各自修行了！

各位讀者可能會發現兩本書一路讀下來，小薯不會派「冧巴」（股票編號），也沒有上網把一堆公司的資料抄下來就結集成一本「冧巴」書，「冧巴」也只是作為例子，以便更好解釋書中的概念。Blog中的「冧巴」，也只是分享小薯的分析思路，不會提供切實的投資建議。因為小薯的所有分析都是建基於當刻的資訊，而每個人的經濟狀況、資產分配、資金狀況、投資知識和心態都不盡相同，因此任何投資建議實際上都沒有意義，今刻的建議只會適於今刻。明天資訊一變，投資決定又會改變，而只有自己才清楚自己的情況，所以只有自己才能對自己的投資負責，也是一生的責任。正如小薯一直相信，「授人以魚不如授人以漁。」小薯希望這兩本書，能夠提供各位「捕魚」的技巧，在投資這場挑戰自我的馬拉松跑到終點！

最後小薯想多謝鍾記、止凡兄、AC儲蓄兄、Kano兄四位財經博客界猛人，和小薯的良師益友 Pre Lam，抽時間為小薯寫序，沾一下這班前輩的光環。同時，也想多謝天窗出版社繼續邀請小薯出書，和這本書的責任編輯 Jodi，這本書能夠面世實多得各編輯同事的協助！

小薯

寫於 2022 年 2 月

「價值」
與「估值」

小薯印象中見有人提及，「股神」巴菲特（Warren Buffett）在 1992年致股東的信中說：「價值投資的『價值』兩個字是多餘的。」（*We think the very term "value investing" is redundant.*）

巴菲特的老拍檔、傳奇投資者查理·芒格(Charles Thomas Munger)也曾說過：「所有明智的投資都是價值投資，因為你為何會買一些價值不及你付出的東西？」（*All intelligent investment is value investment because why would you want to buy something which wasn't worth as much as you were paying for us.*）

可是，當我們談價值時，又是否應該問，甚麼是「價值」？價值投資又是否只代表堅持強調低估值指標的一種投資方法，而看不起有成長潛力的成長股？其實，不管用哪種方法，最重要是建立出最適合自己的投資框架！

「價值」在於解決問題

小薯前陣子與朋友再討論起價值投資。老實說,小薯對外稱自己為「價值投資者」只是貪方便,不會刻意稱自己做價投,極其量只能說是用自己覺得最舒服的方法做投資。執著於「價值」和「投資」字面上的解釋,只會局限自己的想像,小薯也有用部分資金短炒。技術投資、趨勢投資,在股神巴菲特的老師、被譽為價值投資之父葛拉罕(Benjamin Graham)的定義來說是「投機」,而不是「投資」。不過,小薯無意否定技術投資、趨勢投資、以至AI投資,只要是賺到錢,投資者自己舒服就行了。

說回價值投資,傳統的說法是,評估優質公司的內在價值,配以安全邊際,並長期持有,陪同公司一起成長。特別很多人都會重視兩樣東西,基本分析(即護城河)和安全邊際(即股票價值與價格的差距,是否被低估)。

可是,當我們不斷問某個潛在標的是否被低估(即是估值),並盡量以折讓價買入,就認為是價值投資時,其實我們是否應該問,甚麼是「價值」?「價值」不是數字,而是創造出來的東西。我們經常提及估值,但在計任何數之前,你知道所投資的公司

創造了甚麼出來？當小薯評估一間公司時，小薯會先想公司是否能解決到別人的某些問題，如果能夠解決某些問題，這個問題是大問題還是小問題（需求）？公司能幫多少人解決到這個問題（市佔），同時能持續生存（公司穩定性）？這就是價值的根源。

電動車生產商特斯拉（Tesla）的價值在於預視問題，解決未來會成為問題的問題。Netflix、Amazon、Google也一樣，是為了解決一些問題而存在。在這個前提下，價值投資才能成立。

舉些例子：

·　賭業股所創造的價值是讓人們通過賭博去消遣，周邊的渡假村和酒店都是圍著這個目標而出現。

·　社交網站Facebook所創造的價值，是通過網絡把人與人連結起來，所以當創辦人朱克伯格（Mark Zuckerberg）為了廣告收入而破壞了這個基礎，就有如破壞公司的價值。

·　信用卡公司Visa及Mastercard的價值，就是為交易方提供便捷的付款服務。

·　Amazon有人說是電商，有人說是雲服務公司，其實是創造一個供應商／顧客的銷售體驗，公司所有服務都是以此為基礎。所以，小薯會稱這個銷售體驗是亞馬遜的核心價值。

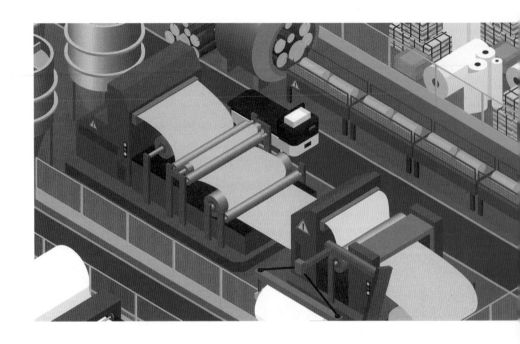

既然是為了解決問題，當問題不斷被解決後，新的問題就會隨之出現，代表價值是會變化的。N年前大眾用紙作為紀錄工具，壟斷造紙行業的公司就有很大的護城河。可是，當大家慢慢以無紙化實行電子檔案管理時，造紙公司的價值能否由解決造紙的問題，轉為解決客戶管理電子檔案的問題，如果造紙公司不能轉型並提供有效的解決方案，就只能被大眾唾棄。護城河一開始有多大都好，不能解決問題都是沒有用。

小薯就是看這個因素去決定一間公司是否值得投資。因此，在小薯眼中，價值並不是冷冰冰的估值，不是一串公式，而是以解決問題為核心，而帶有人性的一個感受。如果投資者連公司在創造甚麼，在解決甚麼問題也不知道，小薯認為就不要投資這家公司了。

估值只需
「模糊的準確」

小薯對於「價值」的想法，好像寫得很玄，甚至好像否定「估值」的存在意義。說真一句，估值這一東西，雖然小薯寫了很多同類題材的文章，但卻是放得相對較輕的一環。

其實，從小薯的角度看，估值方法和會計一樣，某程度上是數字遊戲，是為了解釋投資決定的一個產物。上一個年代，大家都要求公司有盈利、有資產、除了現金折現的絕對估值法外，就主要聚焦市盈率（PE）、市帳率（PB）。現在市場大愛新經濟，講破壞性的概念，盈利、資產也不需要，就推出市銷率（P/S）、市值 / 交易流水（P/GMV）等等公式，其實只要是分析員喜歡，又能通過一系列的假設說服得了自己，就能得出分析員給予公司的「數字」價值。

現時有不少估值方程式，例如30年後「盈利 / 現時買入價」、預期PE＜30是一個「數字」價值，亦有朋友利用「現時的銷售額 / 現時買入價值」得出另外一個「數字」價值。用一個說服得到自己的「數字」價值，且含有安全邊際，就是很多人說的「價值」（估值）。

可是，不管你如何估值，最後也離不開公司要有現金流入，才會為股東帶來終極的價值，也是價值的最終來源。同時，現金流也要建基於價值創造才是可持續的。

因此，當一名投資者投資一家公司，並了解到公司正在創造甚麼價值，其實已是價值投資的一種面向。最重要是你是否相信公司創造出來的是否有價值，能解決問題，並最後為股東帶來現金流。有否安全邊際都是投資者自己計算並給予公司的。葛拉罕的方法，是相信有清算價值的公司才能創造出他相信的價值（可能他因為不知道新科技公司能否創造出價值，所以不會投資），巴老就是相信公司有深且闊的護城河，才能創造出他相信的價值。不同時代，對價值的要求也會不同。可是，千古不變的，就是要找尋投資標的當刻的價值，再配以安全邊際來抵銷錯誤的風險。

現時市場參與者所討論的新經濟公司（在小薯眼中，公司沒有分新舊，最重要是有沒有創造出價值），就是相信新科技所創造出的價值。同時，他們也會認為以目前價格根本不能反映或計算出公司的未來潛在的價值，所以任何價格買入都是「價值」投資，因為他們認為投資的，是未來的價值，也相信公司最終會帶來大量的現金流。價格是否合理反映未來的價值？最重要是投資者自己覺得合理就行了！也因此，只有自己才能對自己的投資負責，其他人眼中的「估值」只是參考罷了！

估值本身已屬投資風險

這是為甚麼小薯經常說，我們估值，不需要精準的錯誤，只需要模糊的準確，因為本身「估值」是投資者賦予公司的，而每個投

資者對「估值」也會有自己的見解，是市場對公司的現金流的長遠「估值」的最大公約數，就是市場對這間公司的「估值」，再化成均值回歸後，長遠的實際「價值」（而不是當刻，或一兩年的股價）。當刻股價只是反映當刻市場對公司的冷熱程度及供需關係。因此，我們不要神化估值，因為估值涉及不少假設的，本身已構成了投資的風險。這些風險不是單單靠加大安全邊際去規避的，更不能取代公司所創造的本質上的「價值」。

投資標的的核心價值是甚麼？通過甚麼來創造價值？如果不能用三言兩語說出公司在創造甚麼價值，你跟我說低估多少，未來前景有多大都是廢話。假設你說不出 Tesla 正在創造甚麼價值，致命風險在哪裡，代表你根本就不夠了解公司，用甚麼估值方法去計算，只是為了計出一些數字去說服自己買入公司的股票而已。不過，在此都要戴頭盔，小薯並非否定估值的存在意義，也沒有否定「估值」在投資決策中的重要性！

因此，小薯認為，公司能否解決別人的問題，創造出一個大眾認同的價值，是「價值投資」的必要條件（Necessary Condition），亦只有不斷解決別人的問題、創造價值，才能製造強大的護城河。「估值」上的安全邊際，則是充份條件（Sufficient Condition）。沒有充份條件，只得必要條件，未必不能成功；但只有充份條件，沒有必要條件，成功的機率就較細；當我們得到充份條件和必要條件，那我們投資成功的機會率就會大很多了！

以運動員精神創造「價值」

2020年9月,高瓴創辦人張磊為了宣傳他的新書《價值——我對投資的思考價值》,舉行一場直播訪談。張磊曾在耶魯捐贈基金工作,並曾在全球新興市場投資基金負責對南非、東南亞和中國的投資,還曾擔任紐約證券交易所首任中國首席代表,並創建了紐約證券交易所駐香港辦事處。他的投資一直都是專注於長期投資、支援實體經濟轉型升級和價值創造。而這次訪談,嘉賓有海底撈董事長張勇、奇績創壇創始人陸奇、斑馬資本聯合創始人及合夥人莊辰超,以及國儀量子公司CEO賀羽。

這次訪談很有趣,有幾點值得跟大家分享。

貪婪與愚笨　創業者兩大缺點

張勇評論創業家通常有兩個缺點,第一個是貪婪。張勇覺得創業家貪婪是沒有問題,但是過度的貪婪就會令到企業的原本價值失去,有一些企業家甚至將貪婪包裝成理想,把過度的貪婪合理化(小薯按:企業家貪婪是進步的動力,但是過分的貪婪而失去一

個企業家的倫理，把利潤放在最大而忽略其他持份者的利益，只會導致企業的失敗）。

第二個缺點就是愚笨，不知道自己錯在甚麼，自以為很厲害而不聽其他人的意思。他也提出，這企業家最大的缺點。

如果只有一個缺點的話，還有得救，但是兩個缺點都有的話，就很容易出問題（小薯按：愚笨但不貪婪起碼不會泥足深陷，貪婪但不愚笨起碼會聽別人說話，有機會懂得剎車，但是兩樣都有的話，這個老闆真的沒救了）。

在總結，張磊有一個點呼應這個點，他特別警惕各方面都第一的人，必須要想清楚自己到底要幹甚麼，不能有No.1的慣性思維。

創新是創造「價值」的未來

陸奇討論「甚麼是『價值』？」時，他認為這個時代加速了大家去接受一些新的習慣或者行事方式，而創新才是創造價值的未來。張磊也說類似的觀點：「價值創造如何從 0 到 1 是很重要。」

張磊說了一個故事，他跟某家公司的管理層對話。管理層說疫情期間，要讓大家先活下來，所以要求高級管理團隊自動減薪，另外他之前答應員工的花紅也會取消。張磊初時也認為這是一個對股東有益的做法。可是，他深入想了想，其實這是一個欠缺誠信的表現，高管團隊可以自覺減薪是沒問題，新一年花紅不派也沒問題，但答應要派花紅就應該要派，這是誠信的問題。誠信是提升競爭力的來源，而且即使是難也要做，因為是正確的！更要長期去做！

對價值的看法，每位嘉賓都有他的見解。張磊認為這個世界上只有一條護城河，就是你能否不斷地瘋狂地創造長期價值。我覺得就是說價值核心還是能不能用一個長期的角度看。陸奇則認為價值就是能夠持續不斷滿足人類需求的能力。莊辰超覺得價值是用最低成本創造最大的用戶體驗，便能創造甚麼價值；而張勇則是堅信雙手改變命運，這個是他認可的一個價值觀。可是他覺得雙手改變命運也不是那麼容易的事情了。四個對「價值」不同的理解，也看到他們背景的不同。由創業家，到營運者，到企業家，到投資者，正好表達了價值的創造。

創造價值是長期的修行

最後，張磊解釋了其新書中所說的價值：

1. 即是「體育精神」（Sportsmanship）。你想跑得更快、更好、更遠。那麼一羣人在一起時，最好的就是有體育精神。

2. 如果你不斷地、瘋狂地創造長期價值，你會得到你想得到的東西，這個社會早晚會回報不斷創造價值的人，不管是怎樣的商業模式。

3. 最本質的價值，實際上是說你是否擁有長期主義的價值觀。短期是否跑第一或跑得前沒那麼重要，關鍵是你能否像流水般不爭先，而是滔滔不絕。創業也是一個長期修行的過程。

4. 價值和長期主義是一個生活方式，是自己生活方式的人生哲學之選擇。所有的事情你都可以用長期主義去看，它對我到底是有長期價值的事，還是只是短期有價值的事？判斷一個真正的長期主義者，就是看能否把長期主義應用在每一天生活的微小決策裡。

張磊提出要用體育精神去創業，不斷創造長期價值，是他最常對外講的論述，當中最本質的價值是「長期主義」，它不單應用到投資，更要把創業當成生活方式和人生哲學的選擇，把長期主義用在生活的決策中。

價值與成長投資 不能二分

2021年1月價值投資大師、橡樹資本創辦人霍華德‧馬克斯 (Howard Marks)發表一份備忘錄 *Something of Value*，內容是對價值投資的重新檢視，這在小薯的投資朋友圈引起了很大迴響。小薯在此分享這篇備忘錄的重點和個人的看法。

重點一：「價值」本質　護城河及企業前景

價值投資好像被定義為堅持強調低估值指標的一種投資方法，即是低市盈率、低市帳率。當中的表表者就是葛拉罕和巴菲特的「煙蒂股投資法」（Cigar-butt Investing），即是強調尋找平凡無奇的，股價低於資產負債表上的資產並在清算價時買入，在股價高估時賣出。相反，「成長投資」，就是針對一些新發展公司，通常也是投資界的新貴，預期會有快速的成長，正因為它們有卓越的長期潛力，投資者通常會給予很高的估值，並反映成高市盈率，甚至只得市夢率。

可是，如果把價值投資與投資「低估值指標」的公司劃上等號，又未免過於簡化價值投資，起碼是簡化了巴菲特眼中的

價值投資。巴菲特與芒格合作後，就已經擴大了對「價值」的定義，把目光轉移到擁有合理價格的「偉大企業」（The Great Company），提出「護城河」概念，即是維持優質生意的持續性的競爭優勢。

其實在小薯眼中，價值投資的重點從來不是尋找低市盈率、低市帳率（即是「低估值指標」）的公司，而是專注於基本面（由公司本身到公司所處行業）、擁有護城河的商業模式，找尋巴菲特所說的「偉大企業」，在合理價格甚至低於合理價格時買下，並長期持有陪伴公司成長。合理價格的前設是「偉大企業」，因此價值投資應該是在考慮所有因素的情況下，買入價值高於價格的資產。

其實，成長投資所說的「成長股」大多是處於快速成長的跑道，並已有一定的競爭優勢，同時認為目前的價格相對未來可實現到的價值為低，即使目前是處於市夢率（即「高估值指標」），但如果目前的價格相對未來可實現到的價值仍是被低估的話，也是值得買入，再超長期持有陪伴公司成長。不過，這裡小薯著重於這價值在可預見的未來是「可實現」和「高確定性」的，而不是一個概念、一個夢想，必須要有數得計。

成長投資不是新事物，遠在經濟學家費雪（Philip A. Fisher）於1957年寫的《非常潛力股》（*Common Stocks and Uncommon Profits and Other Writings*）已經提及，並深得巴菲特認同，甚至在小薯眼中，巴菲特已由「85%的葛拉罕加上15%的費雪」蛻

變成「15%的葛拉罕加上85%的費雪」，由其師承的價值投資，轉向成長投資。

在這個解釋下，價值投資和成長投資本質上是沒有衝突的，同樣是找尋有價值的公司，在合理或低估時買入，並長期持有，所以兩者不應該被視為相互排斥的。

重點二：投資者不能只依賴估值指標

如第一點提及，很多人認為價值投資等於投資低市盈率、低市帳率的公司。可是，霍華德在備忘錄中提出「低估值指標」遠不等同於「低估」。投資者很容易被低估值指標所吸引，但是低市盈率的股票，只有在當前的盈利和最近的盈利增長可以延續到未來，才可能是便宜。僅僅追求低市盈率指標反而有機會讓你走入所謂的「價值陷阱」：看起來便宜，但其實並不便宜。因為它們的經營可能已經存在問題，從而導致目前估值背後假設的銷售和盈利在未來不可複製。

這裡就點出了一個重點，就是估值的前提是「當前的盈利和最近的盈利增長可以延續到未來」，這也是「護城河」引伸的概念，即是當公司的「護城河」依然存在，當前的盈利和最近的盈利增長才可以繼續複製而且延續到未來。如果低市盈率其實是正在反映公司正在被技術顛覆，「護城河」開始消退，作為價值投者，理應把這個因素考慮在內，並更新自己的估值，那結論可能是

現在的低市盈率，在未來實際是高市盈率並出現高估，並應該出售。

同樣，如果一家公司能成功依賴高端技術這樣的無形資產實現高速增長，那現在的高市盈率可能正在反映未來的高速增長。例如：目前價格是反映未來每年20%增速，而你經過研判後，未來每年40%增速是合理可行的，那目前的高市盈率實際上可能是低市盈率，並出現低估。這意味著成長中的公司其實也能夠基於內在價值進行投資。

重點三：將成長股質素轉成現金流預期

內在價值很大程度基於其基本面來產生現金流的能力，並把未來的現金流，使用一個折現率把未來現金流折現為當前的價值。現金流折現這個估值方法，是很多價值投資者根據公司的長期基本面而作出投資判斷的主要工具。現金流折現成功的關鍵不在於數學計算能力，而是對預估未來的現金流有多準確，比其他人作出更好的判斷。

重點來了，不管是「價值股」或是「成長股」，最終也是要靠營運得來的現金流自負盈虧，只是「價值股」的現金流相對確定和可見，「成長股」的大部分價值則取決於遙遠未來的現金流，而這個未來現金流的估計在「成長股」是具有一定程度的樂觀因素，而且愈遙遠，不確定性就愈高。例如房託領展（0823）很容易估

計到未來1至5年的現金流,但是提供各類軟件即服務產品的有
贊(8083),可能要到第6年或更遠的時間才能實現正現金流,
變相可預測性減低,而市場會對公司的發展修正期望,修正的時
候將會把高估的估值蒸發掉,造成「成長股」的股價大幅波動。

可見,「成長股」不是不能估值,只是「成長股」的估值不確定性
較高,正如霍華德在備忘錄說:「潛在價值的許多來源並不能被
簡化為一個數字」、「不能精確預測的東西並不代表就不存在」。
因此我們要學懂把「成長股」的內在還未用數字量化的質素,轉
化成現金流的預期,再變成估值。

重點四:無形資產是公司未來成功的關鍵

不是「這次不一樣」(The Time is Different),而是「現在世界不
一樣」(The World is Different)。世界已變得更加複雜,創新和
技術的運用相比從前更快,資訊流通更快更廣,而且公司的成長
漸趨依賴於無形資產(例如數據、技術)。如果現在只是根據你
見到的資料和有形資產、基礎分析去挑選便宜貨,從而得到成
功,那就太天真了!因為基於你已知的定量或數據分析,明顯很
大機會已為市場所認知並反映價格內,因此在目前的環境,投資
成功更可能是取決於投資者能否看到公司「質」的因素,特別是
還未反映在公司資產負債表內一些無形資產。

要做到這一點，就要與時並進，並不斷學習，而投資也應是這樣，墨守成規只會被淘汰。霍華德在備忘錄內提出：「價值投資者天生是懷疑主義者。懷疑是一種很重要的精神；我們永遠必須去挑戰假設，避免從眾的心理，獨立思考。懷疑精神讓投資者可以安全，幫助他們避免那些『太美好了，不可能是真的』的東西。然而，身處諸多創新快速發生的時代，懷疑的心態應該伴隨著巨大的好奇心、對新觀念的開放性，以及在形成觀點前願意學習。」當我們對於現在發生的，如果沒有真正了解前就作出判斷，這根本沒有一個充分理由去說現時的創新是錯的。

第一章 「價值」與「估值」

對霍華德這篇備忘錄，小薯給出5大總結，亦是我們找尋千里馬、倍升股的條件！

1. 「低估值指標」的「價值股」並不等於便宜，「高估值指標」的「成長股」不等於昂貴，最重要帶出「價值」的本質（即護城河和前景）是否有「價值」。

2. 成長股的潛在價值的來源並不能被簡化為一個數字，但不能精確預測的東西並不代表不存在，但我們要學懂把「成長股」的質素轉化成現金流的預期，再變成估值。

3. 我們要承認，世界已經改變，能夠數字化的資訊已不是秘密，只有看出公司「質」的因素才是成功的關鍵。

4. 價值投資者天生是懷疑主義者，但懷疑的心態應該伴隨著巨大的好奇心、要對新觀念保守開放態度，以及在形成觀點前願意去學習，這是作為投資者最基本要懂的心態。

5. 如果發現了一家十倍的潛力「成長股」，緊抱著這家公司吧！不要僅僅因為股票升了一些就減倉，因為一生中找到十倍股的機會不多。千里馬也需要伯樂，赤兔也要關羽賞識，價值才會顯而易見。

屢敗屢戰
砌出獨有投資框架

有一日，小薯與網友們討論學習投資的問題。

網友A：「價值投資，是否不會頻密買賣？因為確定買了認為是有投資價值的公司，就不會隨便放手，只會在股價過高，高於估值時才賣出，對不對？可是，估值言人人殊？」「另外，有朋友見一間公司很成熟；但同業對手有國策支持，雖現時技術未追上，但想像空間好大，好有潛力。他會寧願押注在這間有想像空間的公司。他這看法，對嗎？買成熟、盈利有保證的企業，不是更好嗎？」

網友B：「有一句老土但很直接的問題：『你想好悶咁贏，定係好刺激咁輸？』」「假設買盈富（2800）大約可以追到通脹，有股息。穩定但唔會發達，咁你會唔會以後淨係買盈富？」

網友A：「我覺得兩樣都需要，要有部份投資物可以提供現金流。所以才需要資產配置，股票組合又要分前鋒、中場、後衛，有不同的比例。」

網友C：「我覺得要因情況而定及不斷更新策略。人人都想找投資的Lazy Formula，但所有投資法都可能會衰敗。」

網友D：「抄功課很容易，但會好容易在下跌時被震走，或在上升時太早離場。始終都要自己花時間去研究個股，沒有捷徑，亦很花時間。」

網友E：「其實可以先去研究多一點內功心法，我是先找一位真心崇拜的偶像作為目標，再想辦法鑽研該學派。現在我對價值投資成功建立了一套系統：教授、老師、前輩、同輩、後輩，都可以成為你的學習對象。有了這一套系統後，學習就事半功倍。」

其實，網友們討論了很多投資的角度，包括資產配置，投資心態，但最後會發現沒一個統一的答案。同時，好像網友E那樣說，有學習的對象，學習是事半功倍，可是學了很多，但依然不知如何實踐。老實說，這個情況在學習投資的路上必定會發生，小薯也經歷過。

投資是一件非常個人的事，因為每個人的情況也不同，財務目標也不一。別人行得通的方法，自己未必行得通。我們學習其他人，其實不是要複製他們的做法，而是理解他們的理念，學習的是他們的投資態度，而方法是慢慢摸索出來。例如，我們會看見某些基金經理的投資方法很成功，可是只能應用在他的情況和有他自己特有的局限（如資金多但有持股和買貨限制），我們散戶未必可應用這套方法。同樣，一位全職看著股市，有程式語言底子的朋友，能運用程式投資賺錢，但對一般打工仔未可行。如果盲目參考複製，只會由瞎子摸象，變成四不象。

正因為每個人都有自己的局限，所以我們投資之前，更要想清楚自己想達到的目標，例如創業、退休、環遊世界，再計算為達到這個目標的財務要求，並且化為一個實際且能量化的財務目標，接著根據自己的能力和局限，整合一個適合自己的組合。這個組合不一定只是股票，可以是買債券、買ETF、買Bitcoin、買物業、買金等，最重要是自己覺得舒服的方法。最後，千萬不要跟人比較回報，因為有人吹捧自己某一項投資100%回報，但你不會知道他們的組合風險，而組合有多少是賺有多少是虧。

這個世界沒有必勝的投資框架，只有最適合自己的投資方法。巴菲特的方法交到投資大師江恩（Willian D.Gann）手上未必行得通，投資模式只能通過自己實踐慢慢摸索出來，再慢慢演化。好像小薯自己，由「盲中中」聽「貼士」，到基金，再到收息為主軸，再到「收息＋增長」的模式，慢慢走到其他的投資項目。中間都是經歷不斷的摸索、學習、失敗、再摸索、再學習、又失敗，最後才演變出目前認為最適合自己的投資框架，但小薯這套投資框架又並非適合其他人使用。

投資沒有捷徑，也只有自己才能對自己的投資負責，不應隨便相信和依賴別人的「貼士」。不管是價值投資、技術分析，投資者都必須在買入某隻股票前做足功課，清楚自己所買的目標（不論是短炒還是長線），用甚麼價位買入，採取甚麼策略。只有對自己的投資決定和取態了解愈深，愈能從市場的雜音中堅持己見，建立出最適合自己的投資框架。

第二章

看年報
拆解公司價值

財務分析的正確態度

在現在的商業社會，商業運作愈來愈複雜，會計制度也愈來愈深奧，但商業社會永遠不變的，就是要賺錢！財務分析的要求，不單單只懂得計死數（否則作為CPA的小薯已是世界首富，也不會有內地一大堆只有中小學教育程度，但卻是一眾CPA們的米飯班主），而一個更深、更廣的「整體分析」，熟悉財務分析可以保護自己避免成為大鱷的點心，也可以分析出一間公司的投資價值。不過，在開始財務分析之前，必須要先有正確的財務分析態度，才能事半功倍。

以下四項是我們作財務分析應該要有的態度：

1. 不能「假手於人」

不少網友問小薯，有沒有免費的網站可以看到香港、美國或者歐洲的股票財務報表。小薯很多時都會跟網友說：「我很少會到免費財經網站看他們編整的財報，它們作為最初步的篩選分析可能有一定用處，但到正式分析時，一定會從公司官網或交易所網站直接下載年報。因為免費財經網站的財報都是人手或程式輸入，在歸納整理上可能有錯誤或者定義會有不同，甚至可能是來自第二、三手資料，資料可能會誤，導致分析錯誤，即是所謂

的『Garbage in, garbage out』。因此,小薯經常提出有一手找一手,不要因為懶而找第二、三手資料。」老實說,免費的東西永遠是最昂貴的!

2. 分析公司多於數字

小薯要一再強調財報分析從來不是計死數。有人以為財務分析,就是把財報上的數字加加減減,代入不同的公式,計算出一堆財務比率,再以此評估公司的表現。

實際上,我們做分析其實不是財務分析,而是分析公司這個「生命體」。「財報」只是把這個「生命體」的健康情況,以會計數字

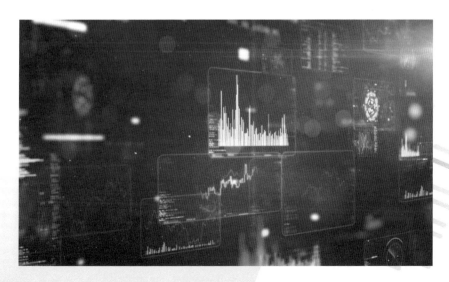

第二章　看年報　拆解公司價值

反映出來。最正確的態度的是,在分析一間公司的財務前,應該先對公司的經營模式、行業結構、競爭對手等都有基本了解,描繪出公司的在行業中的相對地位,及其經營模式可能得出來的財務結果,甚至可以得出一系列的問題。

假設你是基金經理,可以見到管理層,你會問甚麼問題?管理層要給甚麼答案,你才願意「科水」給這家公司?這個過程,可以基於你對公司的前期認識,就你自己提出的問題產生出一個預期答案,再透過財務上的數字,甚至整本年報找出你想要的答案。

3. 整合思維架構而非追求範本

除了免費網站外,小薯另外收到最多讀者的提問是有沒有分析的範本,可以將數字放進去,就可以得出一個答案。可能香港人的教育架構著重背誦考試,凡事都要有 Model Answer,所以很多人以為財務分析就是學習一套公式、範本,只要將數字放進去,答案就可以出來。

老實講,如果真有這一個範本,小薯就拿去賣,用電腦自動把數字分析做程式交易好了,還需要這麼辛苦去做質性和量化分析?其實,同一組數字、同一個財務比率,在不同行業可能有不同的意義。例如,高的負債股權比率,在銀行可能是優勢,因為銀行是以存款這個負債,再變成貸款這個資產,所以負債愈高,代表有愈多錢可以拆借,從而賺更多的錢;但到了製造業就可能是劣

勢，因為貸款意味著有恒常的利息支出，減少股東利潤，太高更影響公司的財務健康！

學習財務分析，並不是單純的數學式代入，而是對每項工具、每項數字有深入理解。在分析某個行業，分析某個步驟，要知道要用甚麼工具，如何使用那項工具，那項工具得出的答案又代表甚麼。由行業和公司特性出發，考慮經營模式和行業結構，思考不同的工具運用，解釋答案的意義，整合得出自己的結論，這個「思維架構」才是我們要學會的東西。

4. 側重於基本面分析

基本面分析就是分析公司的商業根本，了解影響公司表現的各種因素，例如行業環境、競爭情況、核心優勢、上下游情況等。如果沒有這個基本面分析做基礎，即使你是四大會計師事務所的合夥人，有高超的會計知識，也不會知道是否合理。就算你懂得算出一大堆財務比率，也不會知道得知其含義。數字本身沒有意義，賦予數字意義的東西是公司背後的商業邏輯。會計分析必須搭配基本面分析，數字才顯得有意義，整體分析才會更有價值。當我們明白，公司背後的商業邏輯，即使沒有太深入的會計分析，也能大約了解到你現在看的數字是否合理，有沒有造假，這就是所謂商業意識。它沒有捷徑，沒有範本，只能透過多閱讀年報，多思考商業邏輯，才可以得到。

財務分析
Step by Step

作為投資者，我們看年報、做分析，最主要目的是了解一間公司以甚麼生意模式、解決甚麼問題，從中創造甚麼價值，最後能夠賺錢，為股東帶來正現金流，從而評估公司股票未來價值會否提升。如果你讀到這裡，是希望通過研究一家上市公司的年報，尋找投資機會，意味著你認同價格會圍繞價值波動，而作為投資者的你，就需要通過上市公司年報分析公司歷史，猜測公司未來，再去計算公司價值。

公司年報就是它們的體檢報告，財務報表是體檢的重要資料，業務討論（包括業務概況、經營討論、重要事項）的表述就是診斷的總結與評估。不管是哪一間公司，整個分析過程都是這樣：

分析歷史（財務、業務）→ 評估財務及業務資料 → 抽出虛言保存真相 → 得出自己的評價結論

整本年報的結構已在小薯的第一本拙作《年報解密》中概括解釋，如果未閱讀該書或者不清楚年報的結構，建議先看完《年報解密》才回到這裡。在分析時，小薯多側重於理解公司的生意模

式，了解其商業邏輯，再配以財務上的分析，去得到自己的評價結論。

在這本書，小薯會與大家一同看看如何從財務報表或者年報去了了解及分析公司的生意模式和商業邏輯，從而驗證網上流傳的資料是否正準確。因為如果年報裡有相關內容，我們的主要工作就是閱讀和理解內容和判斷真實性，而如果年報裡沒有相關內容，就將問題寫下，再上網和親自調查去尋找答案。基於網上已有海量的資源，小薯不會向讀者提供甚麼網站，最重要是確保自己不會被有偏頗的網上資料所影響，客觀求證。其實，要知道公司的生意模式和商業邏輯，基本上是從以下五方面著手：

1. 公司是做甚麼生意？

2. 公司的收入和利潤結構是怎樣？

3. 公司所處的行業競爭情況？

4. 公司的業務前景如何？

5. 公司面對風險？

其實只要回答到以上五個問題，基本上你對公司的業務都已有不錯的理解，能整理出一個畫面出來，這盤生意是否賺錢，賺的是辛苦錢，還是只要「躺平」錢就會進來。之後，就配以《年報解密》中提及的一些財務分析，去論證自己對這盤生意的理解，最後作出投資決定。

第二章　看年報　拆解公司價值

港股美股年報比較

假設你通過任何一種方法，不管是朋友介紹，還是用篩選工具，或由散戶們很喜歡的免費財經網站，初步了解公司的背景和財務情況，找出一間自己有興趣投資的公司。之後，我們就要做進一步的財務分析。如上文所述，小薯提倡要以第一手資料作分析，因此，我們第一步要做的，就是到交易所網站或公司網站下載公司最近的五至十年的年報。

目標公司是港股的話，就是到披露易（https://www.hkexnews.hk/index_c.htm），搜尋該公司的年報。而港人近年熱炒美股，其財報分析亦不能忽視，大家可到美國證券交易委員會

（SEC）的網頁（https://www.sec.gov/edgar/searchedgar/legacy/companysearch.html），搜尋該上市公司的10-K年報。

再進一步分析年報前，小薯想跟大家介紹美股與港股年報的分別。論披露的透明度和深度，港股遠遠不及美股市場。在香港主板上市的公司，披露財報基本上是一年兩報，分別是中期報和年報，美股則是一年四報，包括兩份季報、中期報和年報。

港股年報最主要的內容是主席報告書、管理層討論與分析及財務報表，而中期報告的內容也較年報的披露為少。相反，美股在10-K報表所披露的內容，除了主席報告書、管理層討論與分析及財務報表，公司也需要詳細披露公司的業務（港股可能只得一、兩段著墨），所處市場的具體發展、公司所面對的競爭環境、公司正面對的風險等。有些時候更會有投資者日（Investor Day），向市場講解公司最新的營運情況。雖然，港股年報中的「管理層討論與分析」也會根據上市條例的要求提及有關部分，除非公司管治非常好，管理層也樂意與股東分享資訊，否則通常點到即止，其深度也不及美國。

不過，港股和美股的財務報表在理解上大同小異。前者是依據香港財務報告準則，美國的則是依據美國通用會計準則，兩者有些許分別，但大體都與國際公認的「國際財務報導準則」類似，所以兩者的理解和分析方法不會差很遠。

初步了解公司品牌

要了解公司的業務，公司做甚麼生意很簡單。我們可以去公司的官方網頁看一看他們做甚麼業務，賣甚麼產品。如果可以的話，嘗試去公司旗下的店舖逛逛，看看他們的店舖情況，感受一下公司的市場定位，甚至購買產品使用。

當然商品性價比高，受顧客歡迎的產品不一定代表公司賺錢，或者公司的管理層好。如果自己切切實實用過，就更了解公司是在做甚麼業務，公司的產品定位是甚麼，為甚麼會受顧客歡迎。

當然，除了投資標的外，競爭對手的官方網頁也可以看看，兩者的產品有甚麼區別。可行的話，當然最好也光顧公司的競爭對手，使用一下他的產品。這個時候，可能你會發現原來競爭對手是更好的投資目標。

小薯做個例子，如果你打算買LV這幾隻奢侈品股。那可以去LV，以及他的競爭對手Hermès、Gucci的官網看看，也看看大眾對不同牌子的觀感。接著你到門市行一圈，可能從他們的定價、接待顧客的方法、配貨要求、其他顧客的水準（例如小薯見有YouTuber經常去LV拍片，但就甚少有人去Hermès拍片）等情況，大約可以感受到這些品牌的等級分別。

圖2-1 Louis Vuitton官方網頁

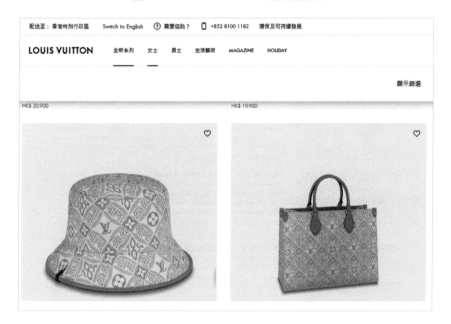

接下來，就要看看年報。因為有些公司可能涉獵多項業務，單單巡舖未必知道公司的其他範疇。如果在網上搜尋LV的控股公司，你就會發現LOUIS VUITTON這個品牌控股公司是LVMH，而旗下還有Moët & Chandon（酩悅香檳）、名酒Moët Hennessy（軒尼詩）、Christian Dior Couture的時裝和化妝品業務、Hublot（宇舶錶）和Zenith（真力時）的鐘錶首飾業務，還有一大堆你耳熟能詳的品牌，原來都是LV集團旗下。你買LVMH以為只是買LV的時裝業務，誰知是投資一個奢侈品王國！

第二章　看年報 拆解公司價值

圖2-2 LVMH集團業務範疇

OUR BUSINESS GROUPS

WINES & SPIRITS

Moët & Chandon, Dom Pérignon, Krug, Veuve Clicquot, Hennessy, Château d'Yquem, Cheval Blanc, Clos des Lambrays... the origins of all these world-famous estates are inextricably linked to the appellations and terroirs of the world's most prestigious wines and spirits. Whether they are in Champagne, Bordeaux, or other famed wine regions, these Maisons, many of which date back more than a century, all share a powerful culture of excellence.

FASHION & LEATHER GOODS

The Fashion & Leather Goods business group comprises Louis Vuitton, Christian Dior Couture, Celine, Loewe, Kenzo, Givenchy, Fendi, Emilio Pucci, Marc Jacobs, Berluti, Loro Piana, RIMOWA and Patou. While respecting the identity and autonomous management of these brands, LVMH supports their growth by providing them with shared resources.

PERFUMES & COSMETICS

LVMH is a key player in the perfume, makeup and skincare sector, with a portfolio of world-famous French brands: Christian Dior, Guerlain, Givenchy and Kenzo. The Group also owns other beauty brands: Benefit, Fresh, Acqua di Parma, Perfumes Loewe, Make Up For Ever, Maison Francis Kurkdjian, Fenty Beauty by Rihanna, KVD Vegan Beauty and Marc Jacobs Beauty.

WATCHES & JEWELRY

The LVMH Watches & Jewelry Maisons are some of the most emblematic brands in the industry. They operate in jewelry and watches with Bvlgari, Chaumet, Fred, TAG Heuer, Hublot and Zenith. These Maisons are guided by a daily quest for excellence, creativity and innovation. 2021 will see the arrival within the Group of the prestigious American jewelry house Tiffany.

SELECTIVE RETAILING

The Selective Retailing business group comprises Sephora, the world's leading selective beauty retailer; Le Bon Marché, a Paris department store with a unique atmosphere; and travel retailers DFS and Starboard Cruise Services.

OTHER ACTIVITIES

Other activities include Groupe Les Echos, which comprises leading French business and cultural news publications; Royal Van Lent, the builder of high-end yachts marketed under the brand name Feadship; Cheval Blanc and Belmond, which are developing a collection of exceptional hotels.

資料來源：LVMH 2020 年年報（第 17 頁）

價值解密 —— 透視企業的核心價值

圖 2-3 Booking.com 介紹的業務範疇

The Booking Holdings Business Model

We derive substantially all of our revenues from enabling consumers to make travel service reservations. We also earn revenues from credit card processing rebates and customer processing fees, advertising services, restaurant reservations and restaurant management services, and various other services, such as travel-related insurance.

For the year ended December 31, 2020, we had revenues of $6.8 billion, which we classify as "agency" revenues, "merchant" revenues and "advertising and other" revenues.

- Agency revenues are derived from travel-related transactions where we do not facilitate payments from travelers for the services provided. We invoice the travel service providers for our commissions after travel is completed. Agency revenues consist almost entirely of travel reservation commissions.

- Merchant revenues are derived from travel-related transactions where we facilitate payments from travelers for the service provided, generally at the time of booking. Merchant revenues include travel reservation commissions and transaction net revenues (i.e., the amount charged to travelers less the amount owed to travel service providers) in connection with our merchant reservation services; credit card processing rebates and customer processing fees; and ancillary fees, including travel-related insurance revenues. Substantially all merchant revenues are derived from transactions where travelers book accommodation reservations or rental car reservations.

- Advertising and other revenues are derived primarily from (a) revenues earned by KAYAK for sending referrals to online travel companies ("OTCs") and travel service providers and for advertising placements on its platforms and (b) revenues earned by OpenTable for its restaurant reservation services and subscription fees for restaurant management services.

資料來源：Booking Holdings Inc. 2020 年 10-K 報表（第 2 頁）

美股的 10-K 報表通常會在 Part 1 中的 Item 1 詳細討論公司的業務範疇，甚至討論公司的戰略。圖 2-3 是 Booking Holdings Inc. 2020 年的 10-K 報表，提及公司提供的價值，就是讓顧客能夠訂購旅遊相關的服務，公司就是通過預訂旅遊服務的代理服務（收取代理服務費用），提供訂購平台（收取佣金及賺取旅遊服務的差價）和廣告服務（收取廣告和推薦費）這三大業務範疇賺取收入。

第二章　看年報　拆解公司價值

圖2-4 Booking.com旗下品牌及服務

Service Offerings

Booking.com and Rentalcars.com. Booking.com is the world's leading brand for booking online accommodation reservations, based on room nights booked, with operations worldwide and headquarters in the Netherlands. At December 31, 2020, Booking.com offered accommodation reservation services for approximately 2,373,000 properties in over 220 countries and territories and in over 40 languages, consisting of approximately 434,000 hotels, motels and resorts and approximately 1,939,000 homes, apartments and other unique places to stay.

Booking.com has expanded its offerings beyond accommodations to better help consumers experience the world. For example, Booking.com offers in-destination tours and activities in more than 140 cities around the world, as well as flight, rental car and restaurant reservation services. Rentalcars.com is operated as part of Booking.com and offers online rental car reservation services and allows consumers to make rental car reservations in over 54,000 locations throughout the world, with customer support in over 40 languages. Booking.com and Rentalcars.com also offer pre-booked taxi and black car services at over 1,100 airports throughout the world.

Priceline. Priceline is a leader in the discount travel reservation business and offers online travel reservation services primarily in North America and is headquartered in Norwalk, Connecticut. Priceline offers consumers hotel, rental car and airline ticket reservation services, as well as vacation packages and cruises.

Agoda. Agoda is a leading online accommodation reservation service catering primarily to consumers in the Asia-Pacific region, with headquarters in Singapore and operations in Bangkok, Thailand and elsewhere. Agoda also offers flight, ground transportation and activities reservation services.

KAYAK. KAYAK, headquartered in Stamford, Connecticut, provides an online price comparison service (often referred to as "meta-search") that allows consumers to easily search and compare travel itineraries and prices, including airline ticket, accommodation reservation and rental car reservation information, from hundreds of online travel platforms at once. KAYAK offers its services in over 60 countries, with the United States being its largest market, through various websites, including Momondo, Cheapflights and HotelsCombined.

OpenTable. OpenTable is a leading brand for booking online restaurant reservations. With significant operations in San Francisco, California, OpenTable provides online restaurant reservation services to consumers and reservation management services to restaurants. OpenTable does business primarily in the United States.

資料來源：Booking Holdings Inc. 2020年10-K報表（第4頁）

同時，10-K報表也會提及公司以甚麼品牌提供服務。圖2-4提及Booking.com除了自家品牌外，還會以Priceline及Agoda這3個品牌提供預訂旅遊服務。另一邊廂還提供全方位的旅遊方案預訂服務（例如飛機、酒店、租車、餐廳等），Priceline主力服務北美，而Agoda主力服務亞太地區。至於Rentalcars.com提供租車服務，KAYAK提供旅遊的比較服務，例如酒店、租車等，OpenTable則是訂餐廳服務。從這些描述，大約可以了解到公司的品牌定位，是互補還是互相競爭。

圖 2-5 Booking.com 的營運策略

The Booking Holdings Strategy

    We aim to achieve our mission to make it easier for everyone to experience the world through global leadership in online travel and restaurant reservation and related services by striving to:

- provide consumers with the best choices and prices at any time, in any place, on any device;
- make it easy for people to find, book, pay for and experience their travel desires; and
- provide platforms, tools and insights to our business partners to help them be successful.

資料來源：Booking Holdings Inc. 2020 年 10-K 報表（第 3 頁）

最後，有些公司的 10-K 報表會描述公司的營運策略。例如 Booking.com 會提及公司的策略就是通過「提供最佳的消費體驗」、「與旅遊服務提供商、餐廳等合作」、「經營多個品牌」達致公司的營運目標和使命。公司用了整整一頁紙的篇幅解釋公司的策略，如果有興趣的讀者可自行閱讀。

從 10-K 報表這部份的資料搜集，我們就可以大約知道公司實際上做甚麼業務，而不只是我們印象中的所想，並可以確實答到「公司是做甚麼生意？」當然，到這裡，我們還不知道公司如何做生意，以及公司的業務是否賺錢。

Excel表追蹤財務狀況

小薯進行財務分析的第一步，是先就公司的三張財務報表，建立一個Excel表單，為公司作初步評估，亦為往後較容易計算公司的財務資料，同時也可以驗證從免費財經網站獲得的財務資料是否正確。

這張Excel表單的數字大多是3張財務報表內的基本資料，例如：利潤表的收入、銷貨成本、毛利潤、營業費用、息稅前利潤（EBIT）、淨利息支出、稅務支出、淨利潤、流通在外股數、稀釋後每股盈餘；資產負債表的總資產、總股東權益、總負債；及現金流量表的營業現金流量、資本支出（CAPEX）、併購或取得其他公司的現金流出、股東取得的其他回報（像是股利和股票回購）等，見圖2-6。

圖2-6 以Excel表收集公司財務數據

	A	G	H	I	J	K
1	In Millions of USD except per share items					
2	Income Statement	Dec 2016	Dec 2017	Dec 2018	Dec 2019	Dec 2020
3	Revenues					
4	Revenues	135,987.0	177,866.0	232,887.0	280,522.0	386,064.0
5	Other Revenues	-	-	-	-	-
6	Total Revenues	135,987.0	177,866.0	232,887.0	280,522.0	386,064.0
7	Cost Of Revenues	88,265.0	111,934.0	139,156.0	165,536.0	233,307.0
8	Gross Profit	47,722.0	65,932.0	93,731.0	114,986.0	152,757.0
9						
10	Operating Expenses & Income					
11	Selling General & Admin Expenses	27,284.0	38,992.0	52,177.0	64,313.0	87,193.0
12	R&D Expenses	16,085.0	22,620.0	28,837.0	35,931.0	42,740.0
13	Other Operating Expense/(Income)	167	214	296	338	(75.0)
14	Total Operating Expenses	43,536.0	61,826.0	81,310.0	100,582.0	129,858.0
15	Operating Income	4,186.0	4,106.0	12,421.0	14,404.0	22,899.0
16						
17	Earnings from Continuing Operations					
18	Interest Expense	(484.0)	(848.0)	(1,417.0)	(1,600.0)	(1,647.0)
19	Interest And Investment Income	100	202	440	832	555
20	Net Interest Expenses	(384.0)	(646.0)	(977.0)	(768.0)	(1,092.0)

以上表單常用格式，主要從年報或10-K報表內的利潤表的每個項目列出來，再依據財務報表內的附註，就每個項目逐步添加明細。例如，阿里巴巴（9988）的收入可以再細分中國電商收入、國際電商收入、菜鳥收入，及雲業務等；支出再細分行政成本、市場費用、研發成本等，總之附註內有甚麼項目認為對了解公司有大用處的，就紀錄整理下來。

財務狀況表及現金流量表的Excel表單編製方式也差不多。當然，以上格式只是例子而已，每個人可以根據自己的喜好，編製出自己獨有的Excel表單，總之這個表單的目標是能讓你追蹤公司的營運和財務狀況，以便分析公司。

三張報表的內容，港股年報和美股10-K報表的財務報表的內容大體類似，理解和分析方法分別不會差很遠。另外，也會以這些數據來計算一些財務指標，如毛利率、資產報酬率（ROA）和股東權益報酬（ROE）、收入成長率等。之後，當你繼續閱讀整份年報時，就會不斷調整Excel表單，加入一些細項數字的明細、營運數字，把財務和營運數字互相比對，以確定公司的內容是否前後一致，沒有妄言虛語。隨著時間的經過，公司的營運不斷變化，小薯會調整表單以符合公司所處的新環境。

第二章　看年報　拆解公司價值

港鐵收入從何而來？看附註見真章

其實，公司的三張財務報表只是一個匯總，可以提供分析師有關公司的資料其實不太全面。因此，我們必須要看附註。公司的財報報表中有不少附註，未必需要一一細看，一般人也未必看得懂。因此，小薯在這裡解釋一些較為重要的附註，是必須要看的，當中有部份附註已在《年報解密》中提及，今次小薯就會帶大家看看如何把這些附註應用在分析上。

在初步篩選時，你可能已在免費財經網站初步了解公司做甚麼業務，也從年報中了解公司做甚麼生意，我們這一步就是要驗證公司的收入來源，是否與你所理解的一樣。公司的收入由哪些業務而來，很大程度會影響往後的分析。要了解收入結構，有些公司已在利潤表已細分，更多是會在「收入」這個附註內細分出來。這個「收入」附註是小薯第一個必看的附註，也會加入到Excel表單內。

例如港鐵（0066），大家都知是營運香港鐵路和發展上蓋物業，但翻閱公司2020年年報，會發現港鐵並不止於香港營運，還包括內地及世界其他地方，香港及香港以外大約各佔公司一半的收入。

圖2-7 港鐵綜合損益表

截至12月31日止年度（百萬港元）	附註	2020	2019
香港客運業務收入	4	11,896	19,938
香港車站商務收入	5	3,269	6,799
香港物業租賃及管理業務收入	6	5,054	5,137
中國內地及國際鐵路、物業租賃及管理附屬公司收入	7	21,428	21,085
其他業務收入	8	894	1,545
		42,541	54,504
中國內地物業發展收入	7	–	–
總收入		42,541	54,504

資料來源：香港鐵路有限公司2020年年報（第190頁）

當你以為2020年的214億港元的非香港收入應該是大部分是由中國內地而來，但再看看附註7的「中國內地及國際附屬公司收入」，你會發現原來當中一半非香港收入是來自澳洲的墨爾本鐵路，而內地業務的深圳地鐵四號綫只佔當中3%，如果放到總收入，更只得1.6%（見圖2-8）。

圖2-8　中國內地及國際附屬公司收入及開支

7　中國內地及國際附屬公司收入及開支

有關中國內地及國際附屬公司的收入及開支包括：

百萬港元	2020 收入	2020 開支*	2019 收入	2019 開支*
– 墨爾本鐵路	10,308	10,280	10,680	10,154
– 悉尼地鐵西北綫	681	752	1,110	1,073
– 悉尼地鐵城市及西南綫	1,493	1,474	515	450
– 瑞典業務（「MTR Nordic」）**	4,747	4,600	4,862	4,832
– TfL Rail/伊利莎伯綫	2,363	2,177	2,037	1,899
– 深圳地鐵四號綫	692	719	761	599
– 其他	1,144	893	1,120	753
	21,428	20,895	21,085	19,760
中國內地物業發展	–	13	–	25
中國內地及國際附屬公司總計	21,428	20,908	21,085	19,785

* 開支包括員工薪酬總額92.60億港元（2019年：90.06億港元）（附註10A）、保養及相關工程費用28.50億港元（2019年：33.22億港元）及水電費用7.82億港元（2019年：8.76億港元）。

資料來源：香港鐵路有限公司2020年年報（第209頁）

這裡就以港鐵的分析中學到第一課：

「分析不要有先入為主的觀念，一定要用數據，用事實去驗證。」

墨爾本鐵路佔25%收入

你日日乘坐港鐵,一心以為港鐵的收入就算不是完全由香港而來,也應該有八、九成吧!誰不知當中有25%是從墨爾本鐵路賺回來,那做分析時,就除了要看香港的經濟數據,也要看墨爾本的經濟數據,而你一心以為公司在年報細項的標題寫「中國內地及國際附屬公司收入」,特別用「中國內地」開首,就應該會有不少從中國內地的收入,但一看年報,原來又是一個美麗的誤會。

港鐵在香港有政府支持的獨市生意作為護城河(例如香港人都知道的「只加不減」機制),可以地產加鐵路模式去發展,但在外地又如何?墨爾本鐵路的護城河又是如何?我們需要知道港鐵在香港獨市,並實行地產加鐵路的生意模式,在墨爾本未必會是行同一套。在年報也披露了,墨爾本都市鐵路是在2024年到期,那時會怎樣?如果不獲延期,那港鐵就少了四分之一的收入!因此,主營業務的收入來源是我們分析公司業務的一個重點項目!

Amazon 靠甚麼賺錢?分析利潤結構

同樣道理,大家以為Amazon是主打電商和雲業務,期望公司的雲業務收入會很多。實際上,當我們翻開公司的10K報表,原來Amazon的雲業務收入只佔整體收入的大約10%左右!(見圖2-9)

圖2-9 Amazon 各業務之淨銷售額

		Year Ended December 31,				
		2018		2019		2020
Net Sales:						
Online stores (1)	$	122,987	$	141,247	$	197,346
Physical stores (2)		17,224		17,192		16,227
Third-party seller services (3)		42,745		53,762		80,461
Subscription services (4)		14,168		19,210		25,207
AWS		25,655		35,026		45,370
Other (5)		10,108		14,085		21,453
Consolidated	$	232,887	$	280,522	$	386,064

資料來源：Amazon.com, Inc. 2020 年 10-K 報表（第66頁）

另外，大家可能以為 Amazon 這麼大的跨國企業，一定有不少
收入來源自非美國地區。實際上又是怎的一回事？原來到 2020
年，Amazon 仍然有近70%的收入源自美國，德國及英國兩地再
佔15%。那我們分析時，還要再大費周章看很多國家的數據嗎？
不用！我們只需要大約了解美國、德國及英國的相關數據即可！

圖2-10 Amazon 主要國家淨銷售額

		Year Ended December 31,				
		2018		2019		2020
United States	$	160,146	$	193,636	$	263,520
Germany		19,881		22,232		29,565
United Kingdom		14,524		17,527		26,483
Japan		13,829		16,002		20,461
Rest of world		24,507		31,125		46,035
Consolidated	$	232,887	$	280,522	$	386,064

資料來源：Amazon.com, Inc. 2020 年 10-K 報表（第66頁）

只需要再看多一、兩個附註，就可以了解公司的實際營運地點和
收入來源，從而大幅縮減研究及更準確對準研究範圍，為何要懶
呢？

第二章　看年報 拆解公司價值

上文提到Amazon的雲業務收入只佔整體收入的大約12%，那為何市場會把Amazon以電商和雲業務公司看待呢？這就是關乎公司的主營業務利潤來源問題。

其實一家公司如何獲利，是我們作為投資者很關注的地方。因為一家公司價值之所在，是公司在業務中產生的盈利，而盈利的來源，當然最好是由公司的主營業務而來。即是，盈利的增長或來源，最好是由「收入」的增長所帶動，或是由「收入」而來。

小薯在《年報解密》的第三章第3.6節中，討論過淨利潤的來源和質素的問題：「一間優質公司，其利潤最好就是從主營業務賺取得來，如果利潤是由一些非營業的收入而來，此部分收入來源不能長久，例如某個年度業績不好，就把一些固定資產或者公司出售賺取利潤，賣得一年，還有第二年嗎？所以，如果公司大部份的利潤由毛利而來，那就是質素好的利潤，評估方法就是對比純利率（＝淨利潤／收入）和毛利率，這兩個數的差額其實就是營運支出比率，如果這個差額長期處於穩定狀態，我們就可以初步判斷公司的利潤基本上是由主營業務賺取得來的。」

今次，我們再進一步，以主營業務利潤的構成，了解公司靠甚麼業務賺錢。這時就要帶出另外一個附註「分部業績」。

每一份年報的「分部業績」（Segment Reporting）附註，需從公司主要經營決策者（大多是公司高層）的角度如何評核經營表現，披露公司的業務情況。會計準則對如何披露「分部業績」並沒有硬性規定，但必須與提供的內部報告貫徹一致的方式呈報。

大家看到這個定義，就明白，看這個附註就可以知道管理層如何分配資源（例如：地域，業務），從甚麼角度去評估每一個分部的經營表現（例如：經營溢利、EBITDA）。

雖然會計準則沒有硬性規定，不過都有基本的內容：

1. 每一個獨立分部的收入和利潤，可以得知哪個分部賺得最多錢。

2. 未獲獨立披露的分部利潤，可大致了解非營利的中央部門（Cost Centre）有多花錢。一間好的公司應該盡量把每分錢都用來賺取利潤，而不是花在不會增加價值的地方上。

3. 每一獨立分部的資產和負債，這部分可以看得出哪個分部佔用最多資源，評估該分部資產的收益率多少。

4. 未獲獨立披露的資產和負債。

5. 每一獨立分部的當年資本開支，從中得知主要的資本投資地點。

6. 收入來源的區域分佈，這部分可參考上文港鐵的例子。

7. 指定的非流動資產，可以看到主要的資本投資地點。

大約了解「分部業績」附註的構成後，我們來一起回答本章節最初的問題：「Amazon的雲業務收入只佔整體收入的大約10%左右，那為何市場會把公司以電商和雲業務公司看待呢？」

第二章　看年報 拆解公司價值

圖2-11 Amazon分部業績數據

	Year Ended December 31,					
		2018		2019		2020
North America						
Net sales	$	141,366	$	170,773	$	236,282
Operating expenses		134,099		163,740		227,631
Operating income	$	7,267	$	7,033	$	8,651
International						
Net sales	$	65,866	$	74,723	$	104,412
Operating expenses		68,008		76,416		103,695
Operating income (loss)	$	(2,142)	$	(1,693)	$	717
AWS						
Net sales	$	25,655	$	35,026	$	45,370
Operating expenses		18,359		25,825		31,839
Operating income	$	7,296	$	9,201	$	13,531
Consolidated						
Net sales	$	232,887	$	280,522	$	386,064
Operating expenses		220,466		265,981		363,165
Operating income		12,421		14,541		22,899
Total non-operating income (expense)		(1,160)		(565)		1,279
Provision for income taxes		(1,197)		(2,374)		(2,863)
Equity-method investment activity, net of tax		9		(14)		16
Net income	$	10,073	$	11,588	$	21,331

資料來源：Amazon.com, Inc. 2020年10-K報表（第65頁）

大家看看Amazon的「分部業績」，就可以得知以下數點：

1. 管理層並不是從整間公司的業績去評估，只是分開電商業務
（北美及國際）和AWS（雲業務）兩個部門評估。這也反映連
管理層也認為Amazon不只是一家電商公司。

2. 電商業務再分開「北美」和「國際」兩個部分，反映管理層看
重「美國」這個單一市場，需獨立評估和做資源分配。相反，
其他地區統一為「國際」，反映非美國地區市場並不大，不值

得獨立做資源分配。看圖2-10，頭兩大非美國地區市場的德國及英國兩地合計只是佔收入約15%，扣除成本，利潤就更少。

3. 公司是以經營溢利去評核各分部經營表現，而不是稅後利潤。這不難理解，因為不同地區的稅制不盡相同，加上稅制並非公司或部門主管可以控制，如果以稅後利潤去評核各分部表現，未必公平。

4. 美國電商業務佔收入61%，AWS佔收入12%（見圖2-9），但經營溢利方面，美國電商業務佔38%，AWS佔59%（見圖2-11）。反映雖然AWS佔收入較少，但利潤卻佔大部分，利潤率亦較高；相反，電商業務佔較多，但利潤卻佔較少部分，利潤率亦較低。從這些數據大約就明白，為何市場把Amazon以電商和雲業務公司看待，而不是單是電商公司，因為收入真的很靠「電商」業務，但利潤卻是由「雲業務」而來。

我們再看看資產分佈：

圖2-12 Amazon每一獨立分部的總資產分佈

	December 31,		
	2018	2019	2020
North America (1)	$ 47,251	$ 72,277	$ 108,405
International (1)	19,923	30,709	42,212
AWS (2)	26,340	36,500	47,574
Corporate	69,134	85,762	123,004
Consolidated	$ 162,648	$ 225,248	$ 321,195

資料來源：Amazon.com, Inc. 2020年10-K表（第67頁）

第二章　看年報　拆解公司價值

圖2-13 每一獨立分部的非流動資產和資本開支分佈

Property and equipment, net by segment is as follows (in millions):

	December 31,		
	2018	2019	2020
North America	$ 27,052	$ 31,719	$ 54,912
International	8,552	9,566	15,375
AWS	18,851	23,481	32,151
Corporate	7,342	7,939	10,676
Consolidated	$ 61,797	$ 72,705	$ 113,114

Total net additions to property and equipment by segment are as follows (in millions):

	Year Ended December 31,		
	2018	2019	2020
North America (1)	$ 10,749	$ 11,752	$ 29,889
International (1)	2,476	3,298	8,072
AWS (2)	9,783	13,058	16,530
Corporate	2,060	1,910	3,485
Consolidated	$ 25,068	$ 30,018	$ 57,976

資料來源：Amazon.com, Inc. 2020年10-K報表（第67頁）

從以圖2-12及圖2-13的「分部資料」，大家又可以了解以下幾點：

1. 電商業務在總資產和非流動資產都佔較大，相反AWS則佔較少部分。反映電商業務對資本要求高於AWS。

2. 大家見到公司近40%的資產是未能分配到單一分部（即總部資產），原來這批是現金、股票、長期投資等非經營經資產。這裡可以用兩個角度看：1)公司未能善用資源，有太多閒置資產；2)市場沒有機會做投資，所以被迫閒置資產（就好像巴郡）；3)公司本質上除了做實業外，實際上還是一間投資公司（就好像港股騰訊和巴郡），這就要結合公司的整個

資產負債表，投資對總資產的百份比，以及整個利潤表，投資收益對總利潤的百份比，一同分析。理論上，公司最好盡可能把資產投入業務中，為股東賺取利潤。

3. 可是，從非流動資產／固定資產佔總資產百分比看，反而看到 AWS 的百份比較電商業務高，所以某程度上 AWS 是輕資產，用較少的非流動資產去產生較大的利潤；相反，電商業務則以流動資產，以錢滾錢的形式去創造利潤。

4. 從固定資產投資方面，就可以看到公司的發展方向。好像 2018 及 2019 年，就多發展 AWS 業務的基礎設施，至 2020 年則側重於電商業務的物流建設。這個部分可以了解未來公司的增長動力在哪裡，一間優質公司就是要從投資轉化為長遠利潤。

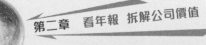

從京東物流及順豐房託了解關聯方

公司的盈利歸根究底是從公司收客戶的產品服務收入而來。因此，公司的客戶情況對了解公司的營運至關重要。當然小薯不會要求你找出公司整個顧客清單，而是看看公司有很多少的銷售是由關連公司帶來，這時就要交由「關聯方交易」這個附註為我們提供答案。甚麼是關聯方？如果一間公司有能力直接或間接控制另一間公司或對另一間公司的財務及經營決策有重大影響力，則兩者就被視為有關聯。

如果公司由幾個股東共同控制，公司和股東亦被互相視為有關聯。另外，公司的主要管理層成員及其近親亦被視為關聯方。簡單來說，就好像你10多歲人仔青春少艾時，你爸爸媽媽手握你經濟大權，你自己跟你爸媽就互相有關聯；如果你父母離婚，你跟著媽媽和後父生活，這位後父和你的親生父母與你都有關聯，因為後父現在手握你經濟的大權，而親生爸爸即使未有掌管你的經濟，但對你的生活可能仍有一定話語權（例如：可以定期探望，或者奪回撫養權）。

小薯跟大家看看上年兩隻大熱新股，由京東集團（9618）分拆出來的京東物流股份有限公司（2618），和順豐物流（2352）分拆出來的順豐房地產投資信託基金。

圖2-14 京東物流與關聯方的交易資料

	附註	截至12月31日止年度		
		2018年	2019年	2020年
			(人民幣千元)	
提供的服務：				
向京東集團提供的服務	(i)	26,552,355	30,682,081	39,155,413
向騰訊集團提供的服務	(ii)	275,431	170,523	54,670
向京東科技提供的服務	(iii)	9,534	128,772	220,093
向愛回收集團提供的服務	(ii)	4,759	24,245	69,455
獲得的服務：				
從京東集團獲得的服務	(iv)	644,578	802,333	1,281,288
從達達集團獲得的服務	(v)	938,627	1,561,772	2,189,983
從JD.com, Inc.獲得的 股份支付	(iv)	509,417	425,803	228,562
從京東科技獲得的服務	(vi)	111,140	101,324	97,928
租賃安排：				
從京東集團獲得的租賃及 物業管理服務	(viii)	281,561	—	—
向核心基金進行的租賃的 租賃負債利息	(vii)	—	147,587	132,878
向京東集團進行的租賃的 租賃負債利息	(ix)	—	10,517	20,595
利息的收取或支付：				
向京東集團收取的利息收入	(x)	156,958	69,824	102,047
向京東集團支付的利息支出	(x)	48,451	59,968	—

資料來源：京東物流股份有限公司招股書（第I-81頁）

根據京東物流招股書披露，京東物流總銷售收入佔截至2020年、2019年、2018年12月31日止年度總收入分別為734億元、498億元、379億元人民幣（下同）（請看招股書第I-48頁）。圖2-14為京東物流披露與關聯方交易詳情，其中京東物流向其關聯方提供服務，應佔銷售收入截至2020年、2019年及2018年底分別佔總收入的53%、62%及70%，佔比甚大。

圖2-15 順豐房託披露與順豐控股的租金交易數字

(ii) 租金收入			
	截至12月31日止年度		
	2018年 千港元	2019年 千港元	2020年 千港元
— 順豐控股股份的 附屬公司	123,537	152,196	169,501

資料來源：順豐房地產投資信託基金招股書（第I-57頁）

另一邊廂，根據順豐房託招股書披露，公司截至2020年、2019年及2018年12月31日止年度總收益為2.8億元、2.7億元、2.6億元人民幣（下同），其中租金收入，於2020年及2019年分別是2.2億元，2018年則為 2.1億元（請看招股書第I-30頁）；而排名前五位的租戶群組於2020年應佔當年之租金收入為90.8%，而順豐關連租戶約佔同期總租金收入的75.9%（見招股書第144頁及圖2-15）。

從京東物流和順豐房託與關聯方交易的佔比看，看出公司與關聯方有如命運共同體，公司基本上是沒有議價能力。小薯不其然想起某火鍋店跟其醬料廠的關係，不過醬料廠至少有一半收入來自獨立第三方客戶，並非完全左手交右手。順豐房託的租賃期也讓小薯想起一些賣劏場的地產商的保證利潤期，當然小薯相信順豐不會不續租，不過如果75.9%的租金收入是來自順豐，與自營分別不大，那又為何要上市呢？這個大家可以深思一下。

有讀者可能會想，有關聯方的業務支持，保證有基本收入，而且肥水不流別人田，當然跟自己人做生意比街外人好呢！那又有甚麼不好？大家這樣想，就可能存在美麗的誤會：

1. 公司上市了，公司股份已經賣了給散戶，大股東持股最多75%，少則30%至40%持股也可以控制上市公司。這個時候，公司還算是自己人？小薯想未必了！就像老一輩有一些想法，外嫁女有如潑出去的水，錢都是留給自己好過給外嫁女。

2. 既然不是自己人，好處當然是留在自己好過給上市公司，為何要給上市公司與小股東分享？肥水不流別人田，是的，肥水當然流給自己佔100%，佔大部分股權的公司呢！

3. 既然球員、球證、球會都是自己人，規則怎樣訂都可以。雖然上市條例有一定的監管，但相比獨立第三方客戶的銷售，銷售條件總會有多些「討論」空間。

4. 關聯方的業務支持表面上好像保證有基本收入，但如果佔比過大的關連方銷售，實際存有很大的集中風險！最直接的，是如果關聯方因事停止業務，無可避免會對上市公司產生影響；另一個層面，關聯方跟上市公司都是同一個「老闆」，上市公司的銷售又是大部份由這個「老闆」而來，萬一這個「老闆」有甚麼差池，上市公司就被牽連，沒有了「老闆」的大水喉，上市公司即刻無仇報，要翻身都要花多些時間。不止上市公司要承擔「老闆」的決策風險，還要承擔「老闆」在關連方的決策風險，「老闆」這個風險就會加倍，更加集中，相信經歷了2020年和2021年的股民會有很深的感受。相反，如

果公司的收入全部都是由獨立第三方客戶而來，即使「老闆」出事，其他管理層也能頂上，捱一陣去擺脫「老闆」影子，重新上路。

持續關聯交易須發通函

當遇到這個情況，可以如何做？根據上市條例，持續關聯交易是需要出通函，詳列關聯交易的條款，且條款必須是依據市場情況而定，並解釋其原因，最後交付股東大會讓小股東表決。因此，如果見到大量的關連交易，最好找持續關聯交易的通函，了解一下其交易條款，並作出理性判斷，否則被「老闆」當羊牯也不知發生甚麼事。

舉一反三，銷售可以出現這些關聯交易，採購也可以有關聯交易，處理方法也是一樣，佔比不大都沒大所謂，否則，關聯方佔大多數的話，也會出現上述的問題。因此，遇著主營業務有太多關連交易，真的要小心處理。

在年報內的「董事會報告」也會依上市條例的要求披露最大及頭五名的供應商和客戶，以及對佔公司的採購和銷售的百分比。這部份重點在於讓我們了解公司會不會出現採購和銷售的高度集中風險。例如從其他資料可以知道這些客戶或供應商的身份，如果是知名的獨立第三方，那就沒有大問題。

資料看到這裡，我們就可以回答到「公司的收入和利潤結構是怎樣？」這個部份的重要，因為我們可以知道管理層的業務取態，資源分配是否恰當。如果公司是多業務的綜合企業，當中的數據也對我們往後估值有莫大用處。

Booking.com年報詳列競爭對手

我們知道公司主力是做甚麼業務,下一步就要回答「公司正面對甚麼競爭」這個問題。再以Booking.com作例子,其10-K報表內會看到公司認為誰是競爭對手,當你以為Expedia和Airbnb是Booking.com的競爭對手?看圖2-16的在第一段中,公司卻認為Google、Apple、Facebook及阿里巴巴等科網巨企(見標註①)

圖2-16 Booking.com披露的競爭對手詳情

Competition

We compete globally with both online and traditional travel and restaurant reservation and related services. The markets for the services we offer are intensely competitive, constantly evolving and subject to rapid change, and current and new competitors can launch new services at a relatively low cost. Some of our current and potential competitors, such as Google, Apple, Alibaba, Tencent, Amazon and Facebook, have significantly more customers or users, consumer data and financial and other resources than we do, and they may be able to leverage other aspects of their businesses (e.g., search or mobile device businesses) to enable them to compete more effectively with us. For example, Google has entered various aspects of the online travel market and has grown rapidly in this area, including by offering a flight meta-search product ("Google Flights"), a hotel meta-search product ("Google Hotel Ads"), a vacation rental meta-search product, its "Book on Google" reservation functionality, Google Travel, a planning tool that aggregates its flight, hotel and packages products in one website and by integrating its hotel meta-search products and restaurant information and reservation products into its Google Maps app. In addition, Amazon has experimented with online travel in the past and continues to experiment in this area, such as by partnering with travel companies to offer its customers travel products, including a partnership with Booking.com to provide travel deals to Amazon Prime users in certain countries.

We currently, or may in the future, compete with a variety of companies, including:

- online travel reservation services;

- large online companies, including search, social networking and marketplace companies;

- traditional travel agencies, travel management companies, wholesalers and tour operators, many of which combine physical locations, telephone services and online services;

- travel service providers such as accommodation providers, rental car or car- or ride-sharing companies and airlines, many of which have their own branded online platforms to which they drive business;

- online travel search and price comparison services (generally referred to as "meta-search" services);

- online restaurant reservation services; and

- companies offering technology services and software solutions to travel service providers.

For more information regarding current and potential competitors and the competitive nature of the markets in which we operate, please see Part I, Item 1A, Risk Factors - *"Intense competition could reduce our market share and harm our financial performance."* in this Annual Report on Form 10-K.

資料來源:Booking Holdings Inc. 2020年10-K報表(第5頁)

第二章 看年報 拆解公司價值

才是競爭對手，因為這些公司坐擁大量的用戶群及客戶資訊，並能以此開展其他新事業，並列舉了 Google Flight、Google Hotel 做例子。看到這裡，小薯心裡就會有以下想法：

1. 小薯並不知原來 Google 或 Amazon 有這些服務，即使這些並非核心業務，但也反映了這些巨企擴展或侵食其他市場的能力有多強大；

2. Booking.com 認為真正有威脅的，並非 Airbnb 這些共享經濟、破壞性創新公司，也不是與 Booking.com 直接對敵的 Expedia，反而是主業並非旅遊服務的巨企。有這個想法，我們就要思考，是 Airbnb 或 Expedia 的商業模式與 Booking.com 不同，所以不構成直接競爭？還是 Booking.com 認為這些公司不值一提？

3. 相對，那 Airbnb 或 Expedia 又如何看待 Booking.com？這個時候就要看這兩家公司的 10-K 報表了，這就是留給讀者分析的功課。

4. 相對 Booking.com，是否擁有大量客戶資訊並有同類旅遊服務的 Google 或 Amazon 等巨企才是更好的投資標的？

Booking.com 也提及公司的業務正面對其他的競爭（圖 2-16 標註 ②），例如：其他網上預訂旅遊產品服務、傳統的旅行社、網上預訂餐廳平台等，大家要思考哪些競爭對 Booking.com 較直接和

強大，照牌面，Booking.com主要是做網上預訂旅遊產品服務，那其他網上預訂旅遊產品服務就是最直接的競爭，相反傳統的旅行社雖然也會有競爭，但客戶群未必相同，那競爭就會來得間接。另外，公司亦特別提到旅行服務供應商提供的技術服務和軟件解決方案也是他們的競爭對手。原來當我們以為這些公司應該是旅行服務供應商的合作夥伴，Booking.com卻視他們會「反轉豬肚」，「教識徒弟唔要師父」，倒轉槍頭變成競爭者。

Booking.com亦有於年報，討論哪些競爭會有損公司的市場佔有率及業績（Intense competition could reduce our market share and harm our financial performance），我們一齊去看看。

圖2-17 Booking.com披露的競爭對手及關聯方詳情

We currently, or may in the future, compete with a variety of companies, including:

- online travel reservation services such as Expedia, Hotels.com, Hotwire, Orbitz, Travelocity, Wotif, Cheaptickets, ebookers and CarRentals.com, which are owned by Expedia Group, Traveloka (in which Expedia Group holds a minority interest) and Despegar/Decolar (in which Expedia Group holds a minority interest); Trip.com Group (in which we hold a small minority interest), Trip.com (which is owned by Trip.com Group), Tongcheng-eLong (in which Trip.com Group holds a significant minority interest), ezTravel (in which Trip.com Group holds a majority interest) and MakeMyTrip (in which Trip.com Group holds a significant minority interest); Hotel Reservation Service (HRS) and hotel.de, which are owned by Hotel Reservation Service; and AutoEurope, CarTrawler, Meituan (in which we hold a small minority interest), Rakuten, Jalan (which is owned by Recruit), Fliggy (which is owned by Alibaba), HotelTonight (which is owned by Airbnb), CheapOair and eDreams ODIGEO;

- online accommodation search and/or reservation services that are currently focused primarily on alternative accommodations, including individually owned properties such as homes and apartments, such as Airbnb, Vrbo (which is owned by Expedia Group), Tujia (in which Trip.com Group and Expedia Group hold investments) and Xiaozhu;

- large online companies, including search, social networking and marketplace companies such as Google, Facebook, Alibaba, Tencent, Amazon and Baidu;

- traditional travel agencies, travel management companies, wholesalers and tour operators, many of which combine physical locations, telephone services and online services, such as Carlson Wagonlit, American Express, BCD Travel, Egencia and Expedia Partner Solutions (which are owned by Expedia Group), Concur (which is owned by SAP), TUI, Webjet and Hotelbeds Group, as well as thousands of individual travel agencies around the world;

- travel service providers such as accommodation providers, rental car companies and airlines, many of which have their own branded online platforms to which they drive business, including large hotel chains such as Marriott International, Hilton and Intercontinental Hotel Group and emerging hotel chains such as OYO Rooms;

- online travel search and price comparison services (generally referred to as "meta-search" services), such as Google Flights, Google Hotel Ads, Google's vacation rental meta-search product, TripAdvisor, trivago (in which Expedia Group holds a majority interest), Qunar (which is controlled by Trip.com Group) and Skyscanner (which is owned by Trip.com Group); ②

- online restaurant reservation services, such as TheFork and Bookatable (which are owned by TripAdvisor), SeatMe (which is owned by Yelp), Zomato, Quandoo (which is owned by Recruit) and Resy (which is owned by American Express);

- companies offering new rental car business models or car- or ride-sharing services that affect demand for rental cars, some of which have developed innovative technologies to improve efficiency of point-to-point transportation and extensively utilize mobile platforms, such as Uber, Lyft, Gett, Zipcar (which is owned by Avis), Turo, BlaBlaCar, Didi Chuxing (in which we hold a small minority interest), Grab (in which we hold a small minority interest), Go-Jek and Ola; and

- companies offering technology services and software solutions to travel service providers, including large global distribution systems ("GDSs"), such as Amadeus, Sabre and Travelport, and hospitality software platforms, such as Oracle and Shiji.

資料來源：Booking Holdings Inc. 2020年10-K報表（第14-15頁）

圖2-17是Booking.com詳列的競爭對手，大家從中也可以看到有趣的東西，見第一段。第一，Expedia Group、Trip.com Group和Airbnb也是多品牌形式營運，其中Expedia有Expedia.com、

CarRentals.com 及 Hotels.com 等品牌（見標註①）；第六段顯示 Trip.com 旗下品牌有 Skyscanner 及 Qunar 等（見標註②）。看來，以多品牌的形式營運是這個行業的特色。第二，見第一段，原來 Booking.com 持有 Trip.com Group 的少數股權，它與 Expedia Group 也有合作投資，反映這行是敵亦友的關係。如果是這樣，我們可以看看兩間公司的報表，基本上就能對整個行業有很充足的理解。

圖2-18 Booking.com 透露疫情對公司的影響

Trends

In response to the outbreak of the novel strain of the coronavirus, COVID-19 (the "COVID-19 pandemic"), many governments around the world have implemented, and continue to implement, a variety of measures to reduce the spread of COVID-19, including travel restrictions and bans, instructions to residents to practice social distancing, curfews, quarantine advisories, shelter-in-place orders and required closures of non-essential businesses. These government mandates have forced many of the partners on whom our business relies, including hotels and other accommodation providers, airlines and restaurants, to seek government support in order to continue operating, to curtail drastically their service offerings or to cease operations entirely. Further, these measures have materially adversely affected, and may further adversely affect, consumer sentiment and discretionary spending patterns, economies and financial markets, and our workforce, operations and customers. The COVID-19 pandemic and the resulting economic conditions and government orders have resulted in a material decrease in consumer spending and an unprecedented decline in travel and restaurant activities and consumer demand for related services. Our financial results and prospects are almost entirely dependent on the sale of travel-related services. Our results for the year ended December 31, 2020 have been materially and negatively impacted, with a material decline in gross travel bookings, room nights booked, total revenues, net income and cash flow from operations as compared to the year ended December 31, 2019. Newly-booked room night reservations, excluding the impact of cancellations, declined rapidly as the COVID-19 pandemic spread in the first quarter and the beginning of the second quarter of 2020, but then steadily improved through the end of the second quarter and into the summer travel period in the third quarter of 2020. However, in the fourth quarter of 2020, we saw an increased decline in newly-booked room night reservations, due in part to increased COVID-19 case counts and reimposed or additional government-imposed travel restrictions, particularly in Europe. In September 2020, a variant of COVID-19 that spreads more easily and quickly than other variants was first discovered in the United Kingdom, and has since spread across the country and to other countries, including the United States and in Europe. Another variant of COVID-19 that also appears to spread more easily and quickly than other variants was detected in South Africa in October 2020. In the fourth quarter of 2020, multiple COVID-19 vaccines were approved for widespread distribution throughout various parts of the world, including the United States and in Europe. While this news is encouraging, it is still unknown when these vaccines will be available to broader populations and whether they will be as effective against variants of COVID-19, including the variants mentioned above. We believe that as effective vaccines become widely distributed, people will feel it is safe to travel again and government restrictions will be relaxed, although the timing remains uncertain.

資料來源：Booking Holdings Inc. 2020 年 10-K 報表（第 42 頁）

另外，在管理層分析中，也有討論行業趨勢。以上是 Booking.com 於 2020 年的 10-K 報表內，討論新冠肺炎疫情對整個行業的影響。

京東物流及微博招股書見競爭情況

在港股方面,每一間擬在香港上市的公司,都需要在招股書中討論公司所處行業的情況以及競爭狀況。雖然這些資料基本上都會偏向樂觀(公司要招股,不賣一個願景給你們,如何引誘你入局?),但不失為一個很好的參考。

圖2-19 京東物流討論中國內地物流市場規模

中國物流支出,2015年至2025年(預測)

人民幣萬億元　　期間　　　　　　　複合年增長率

期間	複合年增長率
2015年至2020年	6.5%
2020年至2025年(預測)	5.3%

物流支出佔GDP的百分比

資料來源:京東物流股份有限公司招股書(第111頁)

圖2-19是來自京東物流的招股書,從中大約可以了解到中國內地物流市場的規模,由2020年至2025年,預測複合年增長率為5.3%。大家未必是因為想投資京東物流,所以去看京東物流的招股書,也可以為投資A股的順豐物流,而京東物流這本招股書剛好讓你了解到現時中國物流業的情況。

圖2-20 微博披露與各社交平台的競爭狀況

社交平台的競爭格局

得益於社交平台的日趨流行，社交平台的滲透率（以整體社交平台用戶佔所有手機網民的比例計算）於2020年已接近100%。獲取新用戶一直是各社交平台面臨的主要挑戰之一，因此，擁有龐大用戶群的成熟社交平台可能會經歷用戶群增長乏力的現象。除了擴大用戶群外，社交平台主要利用網絡效應構建競爭壁壘。

根據灼識諮詢報告，按2021年6月的月活躍用戶和日活躍用戶計，微博是中國前五大社交平台之一。

2021年6月中國社交平台的排名

排名	平台	平台類型	月活躍用戶（以百萬計）	日活躍用戶（以百萬計）
1	平台 A[1]	社交網絡	1,251	813
2	平台 B[2]	社交媒體	645	377
3	平台 C[3]	社交網絡	591	289
4	微博	社交媒體	566	246
5	平台 D[4]	社交媒體	506*	293*

資料來源：灼識諮詢報告

附註：

* 指截至2021年6月30日止三個月的平均月活躍用戶及日活躍用戶。

(1) 平台A為一家總部位於深圳的香港上市公司擁有的社交網絡平台，為智能終端提供即時通訊服務，使用戶能夠通過網絡免費發送語音信息、視頻、圖片和文字，其於2011年成立，起源於移動端即時通訊業務。

(2) 平台B為一家總部位於北京的私營公司擁有的社交媒體平台，運營各種短視頻，並使用戶能夠創建帶有背景音樂的短視頻，其於2016年成立，起源於多種短視頻業務。

(3) 平台C為一家總部位於深圳的香港上市公司擁有的社交網絡平台，提供基於互聯網的即時通訊服務，支持多種功能，如在線聊天、群聊、視頻聊天、文件傳輸和在線社交遊戲，其於1999年成立，起源於電腦端即時通訊業務。

(4) 平台D為一家總部位於北京的香港上市公司擁有的社交媒體平台，運營各種短視頻，專注於記錄和分享人們的日常生活，其於2011年成立，起源於多種短視頻業務。

資料來源：微博股份有限公司招股書（第188-189頁）

圖2-20為微博的招股書，內裡列舉了社交平台的競爭情況。雖然招股書中提及的競爭對手多以代號取代，但如果你對公司身處的行業有一些了解，做一些資料研究，從代號公司的描述，其實也可以推斷這些競爭對手是誰。用回微博這個例子，小薯估計「平台A」是微信（騰信是深圳作總部，而微信是在2011年推出），「平台B」是TikTok（於2016年成立，未上市），「平台C」是QQ（於1999年推出），「平台D」是快手（公司於2011成立，香港上市編號是1024）。根據這些資料，即使你不投資微博，也可以知道騰訊在社交平台的領導地位！

看港股同業年報整合競爭局面

如上文所述，論披露的透明度和深度，港股遠遠不及美股市場。可是，本港上市公司普遍亦會在年報內「管理層討論與分析」部份討論行業情況，而公司管治愈好，愈願意與股東分享資訊的管理層，所披露的資料愈有用！

圖2-21　銀河娛樂討論澳門博彩業行業狀況

澳門博彩市場概覽

在新冠肺炎疫情之下，澳門政府快速和果斷地控制疫情。基本上，澳門在整個二零二零年受到疫情和相關旅遊限制所影響。根據博監局報告，二零二零年澳門全年博彩收益總額為587億元，按年下跌79%。二零二零年第四季度博彩收益總額為212億元，按年下跌70%，按季上升347%。

此外，由於入境限制措施和暫停自由行，因而令訪客量受到影響。自由行在二零二零年第三季度起逐步恢復，但是大部分中國內地旅客要到九月下旬才可申請訪澳旅遊簽注。

於二零二零年，共有590萬人次到訪澳門，按年下跌85%，過夜旅客和當天往返的旅客量均按年下跌85%。而過夜旅客平均逗留時間增加0.6日，達到2.8日。訪澳的內地旅客達480萬人次，按年下跌83%。於二零二零年第四季度，訪澳旅客共有190萬人次，按年下跌80%，按季上升150%，而內地旅客則有170萬人次，按年下跌73%，按季上升155%。

資料來源：銀河娛樂集團有限公司2020年年報（第22頁）

例如圖2-21的銀娛2020年年報，大約討論了銀娛所處的澳門博彩業務於該年的行業情況。可惜，香港的年報基本上不會討論競爭狀況。因此，只可以靠投資者自己做研究，看看行業有甚麼競爭者。如果競爭者也有上市，我們就可以同時翻閱競爭者的年報，整合一個較全面的行業和競爭局面。以銀娛這個例子，也可

以看看金沙（1928）、澳博（0880）等競爭者的年報，以整合出澳門博彩業的情況和競爭形勢。

通過公司在年報對行業的討論，配以一定的資料研究，我們基本可以得出以下結論：

- **市場特徵**：完全競爭／壟斷競爭／寡頭壟斷／完全壟斷／自然壟斷／買家壟斷？這決定了行業的定價策略、成本控制能力、公司競爭力等特徵；

- **行業特性**：周期性行業，抑成是非周期性行業？市場一般認為有色金屬、建築建材、房地產等都是周期性行業；科技、

餐飲、必需品屬於非周期性行業。如果是周期性行業，行業下跌則意味有回升的一天。相反，非周期性行業如果出現數年的下跌，可能意味著行業正步入夕陽；

- **行業階段：**新興行業／增長行業／成熟行業／衰退行業？不同的行業階段都有不同的財務指標特性。例如新興行業可能只有很少經營現金流且有大量的投資現金流出，利潤較低，但增長高，而成熟行業則有很多經營現金流但增長低；

- **對資產依賴程度：**這題目在幾年討論得很多，有關公司是重資產，還是輕資產？重資產行業就要追蹤著資本開支，輕資產就可能是人員表現。

- **行業的基本商業模式：**終端用戶（End User）是個人客，還是對公司客，甚至是對政府客？還是只是提供一個平台給買賣雙方？以淘寶零售做例子，零售商就是對個人客，供應貨品給零售商的供應商就是對公司客，而淘寶就是平台。在產業鏈上不同位置的行業，即使是同一條產業鏈，所面對的處境也不同。我們了解到行業的基本商業模式，就更容易掌握公司的業務情況。

小薯不是要求大家做行業專才、做行業分析師，但是行業特性必須要有基本的理解，才會知這公司的營運情況和財務情況是否合理，以及公司對行業的分析和展望又是否與自己所理解的相同。

阿里巴巴聚焦在重點業務

現在以阿里巴巴為例子，先從公司的收入和利潤結構，得出哪些是公司最重要的業務，再集中研究其競爭環境，其他無關痛癢的業務，可當他們不存在。

圖2-22 阿里巴巴分部收入詳情

Revenue Breakdown by Segment

Alibaba Group 阿里巴巴集团

Total Revenue Breakdown	Three months ended September 30, 2021			Six months ended September 30, 2021		
	RMB MM	% of Total	% YoY	RMB MM	% of Total	% YoY
China commerce retail	126,827	63%	33%	262,633	65%	33%
- Customer management	71,695	36%	3%	152,697	38%	9%
- Others[1]	55,132	27%	111%	109,936	27%	95%
China commerce wholesale	4,174	2%	15%	8,098	2%	14%
International commerce retail	10,375	5%	33%	21,175	5%	43%
International commerce wholesale	4,717	2%	34%	9,119	2%	36%
Cainiao logistic services	9,846	5%	20%	21,447	5%	35%
Local Consumer Services	9,513	5%	8%	18,270	4%	15%
Others	5,718	3%	66%	10,669	3%	54%
Total Commerce	**171,170**	**85%**	**31%**	**351,411**	**86%**	**33%**
Cloud computing[2]	20,007	10%	33%	36,058	9%	31%
Digital media and entertainment	8,081	4%	0%	16,154	4%	7%
Innovation initiatives and others[2]	1,432	1%	37%	2,807	1%	37%
Total Revenue[3]	**200,690**	**100%**	**29%**	**406,430**	**100%**	**32%**

資料來源：阿里巴巴集團控股有限公司2022財年第二季演示材料（第4頁）

阿里巴巴其實業務不少，包括雲業務、數字媒體及娛樂（即是阿里影業和優酷）、創新業務及其他（當中估計有阿里健康）、商業分部。當中商業分部又包含了中國零售商業（淘寶、天貓）、中國批發商業（1688.com）、跨境及全球零售商業（東南亞電商平台Lazada）與跨境及全球批發商業（Alibaba.com）、物流服務（菜鳥）、本地生活服務（餓了麼）及其他運營的平台及業務。屈指一算，阿里巴巴旗下已有10大業務領域。

如果我們把以上所有行業都研究的話，應該需要大量時間，效率也不高。因此，小薯通常會集中研究公司最重要的業務上。看圖2-22的收入分佈，數字媒體及娛樂和創新業務及其他分別只佔收入4%及1%，基本上可有可無，因此小薯會略過不看。雲業務和跨境及全球零售商業雖然分別只佔收入10%和5%，但增速強勁，將是未來公司的增長動力，所以就要認真看看競爭力。另外，商業分部中的中國零售商業佔63%，基本上是公司的核心業務，因此必須要仔細研究。即是我們需要重點研究的，就只有雲業務、跨境及全球零售商業和中國零售商業3個業務領域。

不少人都跟小薯說，做行業研究，看競爭對手，這個命題很闊，不知如何入手。這是不少散戶，包括小薯也深同感受，所以這次就分享小薯的做法，如果大家有更好的方法，歡迎在小薯的Blog留言交流。

阿里巴巴 VS 京東與拼多多

當大約了解到有意投資的公司正面對怎樣的競爭對手後，小薯還會對公司的主要競爭對手做相同的調查工作。阿里巴巴人所共知的強勁對手有京東和拼多多，現在小薯就以這三間公司為例子，分享如何分析主要競爭對手。

假設小薯打算投資阿里巴巴，此時就應該對京東和拼多多也做同樣的調查，過程未必如阿里巴巴般詳細，但至少要做到知悉京東和拼多多的市場定位和營運模式，甚至兩間公司的大致財務情況，而最好的入手處就是兩間公司的最新年報。這時免費財經網站就可以減輕一點工作量，因為你未必會想為競爭對手同樣建立一個長達10年的數據資料庫。這時你會發現阿里巴巴、京東和拼多多之間在定位和營運模式上有相當大的區別。

以下討論以阿里巴巴、京東和拼多多的2021年9月的季度業績為基礎去分析。京東經營的模式主要是直接向廠家進貨，賺取差價。京東自己做中間商賣產品，這個與阿里巴巴旗下的高鑫零售模式類似。京東另外一項收入就是虛擬店舖出租、產品登入費、交易手續費、廣告費即類似於阿里巴巴的「客戶管理收入」，這部份佔京東的電商分部8%收入。「客戶管理收入」的利潤率通常較「中間商」的利潤率為高，所以這解釋了京東2021年9月的季度的利潤率為何只得5%，相反阿里巴巴2021年9月的季度則是15%（包括高鑫零售），2020年9月的季度則是24%（不包括高鑫零售）。

京東與阿里巴巴銷售額　不宜直接比較

因此，京東和阿里巴巴在經營模式上是有分別的，如果大家以利潤率來比較京東和阿里巴巴就會出現誤判。同樣，以銷售額來比較也會出現誤判，因為京東的直營模式的銷售入帳方法是把出售的貨品價值作為收入，而阿里巴巴則是基於平台商家出售的貨品價值收取交易手續費，金額會較少。

在定位上，京東MALL主力中高檔的中大型商戶，策略與阿里巴巴的天貓差不多，所以實際上天貓更像是京東MALL的競爭者，淘寶的中小商戶則隔岸觀火。

京東物流 VS 菜鳥物流

另外，京東和阿里巴巴有重複的業務要就是物流。京東物流有上市，所以我們可以直接看京東物流的財報，不過小薯也會看京東財報內的京東物流之數據，因為內裡會剔除了京東物流和京東之間的交易，更能反映實際物流業務的外部收入。京東物流2021年9月季度收入是257億元，對比阿里巴巴的菜鳥物流，2021年9月季度收入則是98億元。單看收入數據，京東物流完勝菜鳥物流。

可是，京東物流和菜鳥物流的經營模式又是有很大分別。首先京東物流是自設物流設施，阿里巴巴則是外包物流。菜鳥物流對阿

里巴巴來說是輔助性的業務多於主力戰場。因為相信目前阿里巴巴寧願把錢投入雲業務，投入技術，好過組建自己的車隊、成立配送中心，在物流業務阿里巴巴通過菜鳥物流收購快遞領域的核心玩家設置網絡是一個更具效率的選項。內地有文章分析：「阿里巴巴的邏輯始終是做基礎平台與工具，協同更多垂直領域的『玩家』一起做生態，充分整合資源，實現互惠互利。而京東在多個領域均以重資產模式出現，自給自足意味明顯。」因此，物流戰場是看菜鳥物流如何整合多家友好公司的資源，提高效益，而非自己承擔所有物流成本。這跟京東物流要減省物流成本做法不同，因為京東是自己做中間商，如果物流成本愈低，就會賺愈多。

三大電商目標商戶不同

相比京東，小薯對拼多多的研究沒有那麼熟悉。不過，它始終也是阿里巴巴的競爭對手，因此也會了解公司的營運模式和數據。因為 B2C 模式的天貓與京東對準中大型商戶，對中小型商家扶持有限，而這批中小型商家則是淘寶的目標商家端「客戶」。可是，在淘寶也有一部份尾部商家在不斷銷售升級的過程中被排擠、被清除出來，這批清除出來的尾部商家正是拼多多初期商家端「客戶」。他們多數是小廠商等面向低端市場，所售商品多為非品牌貨，沒有品牌溢價下，所售產品的價格就低很多。有甚麼供應商就有甚麼客戶。既然商家是低端商家，那顧客就自然是低消費能力的「價格敏感型顧客」。他們對商品要求不高但

卻對價錢很敏感、要求很多的優惠、性價比高的折扣類產品。這批顧客主要是在三、四線城市的用戶，亦即是所謂「下沉市場」。

拼多多則是通過「百億補貼」戰略及團購模式，借助微信實行團購，以超低價吸引大批客戶，被此吸引的多是低消費能力的「價格敏感型顧客」。整個核心的商業邏輯是把公司的毛利讓出去，作為獲取新客戶的成本，然後用團購的方式，鼓勵用戶分享到朋友圈，從而獲得新用戶。不過，這批新客戶很大機會來自同一個圈子，消費能力不會差太遠。拼多多就是以低價團購、使用者分享的方式留住下沉市場的消費者，並靠著低消費人群的巨大人口數量，以實現增長和盈利。

可是，拼多多沒有自己的物流網絡，基建設施欠缺。同時，大家也明白，要從「價格敏感型顧客」賺大錢是很難，就是要以量取勝。拼多多到2020年仍然是虧損中，靠拖欠商戶的款項產生正經營現金流。不過，這個以補貼去搶市佔的策略可以打多久？令公司要不斷募資求存？

拼多多與阿里鬥搶下沉市場

其實阿里巴巴也開始打下沉市場（大家也可以想想，既然下沉市場是一個這麼難打的市場，為何阿里巴巴也要加入戰團？），但公司並不是單單用淘特打，而是用高鑫零售、菜鳥鄉村 / 菜鳥驛站、淘特、淘寶買菜四個網絡去打。至於盒馬鮮生在執筆的當刻並非以打下沉市場為目標，因為盒馬的門市大多是設在一、二線城市，相信是為未來非飲食區的無人商店做示範。那如果京東想打下沉市場行嗎？但小薯認為這會較阿里巴巴難，因為京東自設物流，以及主打中高檔市場，而做低端中間商應該沒有甚麼水位，中短期落場打比較難打。

因此，雖然拼多多在下沉市場有先行者優勢，但阿里巴巴則有規模經驗優勢。問題是拼多多會頂得住，還是阿里巴巴的關鍵策略投入會成功？如果拼多多真的頂不住阿里巴巴的攻勢，就會出現「贏家通吃」的局面。相反，可能會出現下沉市場二分天下的局面。

從以上例子，大家可以看到阿里巴巴、京東和拼多多不同的定位，互相借鏡，對整個電商市場有更深入的理解，了解到電商行業的競爭格局，再比對不同的財務情況，作出自己的投資決定。

財務比率
見商業邏輯成敗

小薯在上文不斷強調，財務分析不是單純把財報上的數字代入不同的公式，計算一堆財務比率，而是要了解公司背後的商業邏輯。可是，公司的商業邏輯是否成功，還是透過會計數字顯示出來。因此，一個比較客觀的評價準則就是財務比率，可反映公司的償債與盈利能力。

償債能力

償債能力反映公司償還到期債務的能力，通常會分開短期和長期評估，前者是指公司償還短期債務的能力。一般來說，公司應該以流動資產償還流動負債，而不應靠變賣長期的生財工具去償還，所以短期償債能力側重於流動資產與流動負債，而非公司整體資產。短期償債能力不足，可能出現短期現金不足而不能償還即期債務，輕則影響公司的信貸評級，增加融資成本和難度，嚴重的可能使公司陷入財務危機，甚至破產！

近年，不時傳出內房因資金鏈斷裂而出現財困，多是因為短期償債能力不足這問題。他們未必是沒有資產，未必是資不抵債，只

是短期現金不足而不能償還即期債務而陷入財困。主要的短期償債能力比率包括：

· 流動比率＝流動資產 / 流動負債

· 速動比率＝（流動資產－存貨－預付費用）/ 流動負債

· 現金比率＝（現金＋有價證券）/ 流動負債

通常來說，上述指標愈高，說明公司的短期償債能力愈高。

至於長期償債能力是指公司償還長期債務利息與本金的能力。公司短期債務是用於日常營運，長期負債則主要是用於長期投資，如果是好的投資，應該能通過投資產生的收益去償還為了投資所借的本金和利息。主要的長期償債能力比率包括：

· 負債比率＝負債總額 / 資產總額

· 負債對經營現金流量比率＝負債總額 / 經營現金流

· 利息保障倍數＝稅息折舊及攤消前利潤（EBITDA）/ 利息費用

通常來說，負債比率和負債對經營現金流量比率愈高，說明公司的長期償債能力愈低。相反，利息保障倍數愈高，說明公司的長期償債能力愈高。

獲取利潤能力

經營盈利能力反映公司通過經營生意獲取利潤的能力。利潤是公司成敗的關鍵,只有公司能夠長期賺取利潤,公司才能真正做到永續經營。主要的經營盈利能力比率包括:

- 毛利率＝毛利／銷售收入

- 營業利潤率＝營業利潤／銷售收入

- 稅息折舊攤銷前利潤(EBITDA)利潤率＝EBITDA／銷售收入

- 淨利潤率＝淨利潤／銷售收入

- 經營現金流利潤率＝經營現金流／銷售收入

- 自由現金流利潤率＝自由現金流／銷售收入

- 總資產回報率＝淨利潤／總資產平均值

- 權益回報率＝淨利潤／權益平均值

資產盈利能力

資產盈利能力反映公司運用不同資產的周轉速度以獲取利潤的能

力，也反映出公司利用資產的效率。資產的周轉速度愈快，表明公司的資產由進入生產，再進入銷售獲取利潤的速度愈快，意味經營效率愈高。比較簡單的比喻就是餐廳的**翻桌率**，在短短兩小時的午市時間，假設每枱客利潤一樣，一張餐桌，做兩枱客一定比只做一枱客賺得多，兩個小時內做得愈多枱客，就賺得愈多。資產盈利能力可反映不同資產的「**翻桌率**」。巴菲特在1978年的致股東的信中，在交代當年投資的紡織廠業務中，也有討論資產周轉速度和盈利之間的問題：

「*目前紡織廠房及設備帳面的價值，遠低於未來重置所需的成本，雖然這些設備已經老化，但大部分的功能與目前同業所採用的全新設備差異並不大。不過，儘管固定資產的成本很低（Bargain Cost），但因銷售而需要負擔的應收賬款及存貨周轉的投資卻較高，紡織業的低資產周轉率與低毛利，無可避免地造成資金回報不足，影響股東利益。*」

這證明資產周轉率和公司的利潤是有密不可分的關係。主要的資產盈利能力比率包括：

- 應收帳款周轉率＝賒銷收入淨額／應收帳款平均餘額

- 存貨周轉率＝銷售成本／存貨平均餘額

- 流動資產周轉率＝銷售收入淨額／流動資產平均餘額

- 固定資產周轉率＝銷售收入淨額／固定資產平均淨值

- 總資產周轉率＝銷售收入淨額／總資產平均值

大家可能留意到一件事，就是上面指標的分子是來自損益表，反映整個報告期的金額，相反分母是來自資產負債表，反映某一時點的數據。因此，分子、分母的時間點不一致。為解決這個問題，通常分母都會以資產負債表期初和期末數的平均額作計算。通常上述指標愈高，說明公司的資產盈利能力愈高。

當然，以上財務比率只是一些例子，網上也有很多人都有討論不同財務比率計算方法，大家可以舉一反三，計算其他的財務比率或比率。例如：收入－支出＝利潤。上面的經營盈利能力比率是以利潤為分子，那我們用支出為分子，就能得出支出佔收入的比率；而「1－經營盈利能力比率」實際上就是支出佔收入的比率。

分子和分母要定義清楚

財務比率並非一條死公式，分析師可以根據自己希望了解的地方，創造出不同的財務比率。重點是要運用時必須一致，分子和分母要定義清楚，這個比較才有意義。例如，小薯在譚仔 (2217) 上市時，曾經分析譚仔的財務情況，並與同業的毛利率比較：

公司	財年	毛利率	EBIT(%)
譚仔（2217）	2020年3月底止	73.2%	14.3%
太興（6811）	2020年12月底止	70.6%	6.0%
翠華（1314）	2020年3月底止	70.9%	-19.7%
大快活（0052）	2020年3月底止	9.2%	3.6%
大家樂（0341）	2020年3月底止	9.2%	2.6%

為何同樣是**餐飲業**，譚仔、太興和翠華可以有高達七成的毛利率，大快活和大家樂只得9%的毛利率？當中出現甚麼問題？只要我們翻開每間公司的年報，就會真相大白！因為譚仔、太興和翠華並沒有把員工成本、租金等店舖開支放到銷貨成本內，只計算食材成本，而大快活和大家樂則是把所有食材成本和店舖開支放到銷貨成本內，所以出現這個美麗的誤會。如果我們用稅息前利潤（EBIT）去比較，就會出現另外一個故事。當然，這只是把定義統一計算比率以用作比較的一步，為何五間的EBIT率差異這麼大，就是我們分析的下一步工作！

同時，要留意不同行業的財務比率也有不同的特徵，例如重資產的行業的總資產回報率會較輕資產的行業的總資產回報率為低，這是行業使然。因此，做比較時，最好是與同業比較才有意義。其實說下來，都是同一個結論，就是理解公司背後的商業邏輯和行業特性，才知道用甚麼財務比率才是最適合，其結果是否合理。

批判思維分析經營指標

除了從公司報表計算出來的財務指標外，有不少公司也會提及一些經營指標或其他補充數據。這些指標可以是營運性的指標，或經調整後的財務指標。作為投資者，當然樂見這些補充數據，因為可以令我們更清楚公司的營運情況。可是，這些營運性的指標不是經審核的數據，而經調整後的財務指標更不是跟從會計準則準備，所以我們看的時候要抱著高度批判的思維去理解及詮釋。把經營指標表達出來的情況和經審核，依據會計準則準備的財務報表的情況相結合互相理解。以下是小薯部份在不同行業有研究的營運指標：

電子商貿行業

- 「商品成交金額」（Gross Merchandise Volume）或「交易總額」指在電子商貿平台上確認的商品和服務訂單的價值或成交金額（無論消費者及賣家如何結算及是否結算交易），實際指的是總交易訂單金額，包含付款和未付款的部分，也就是涵蓋了退貨與取消訂單的金額。

- 「年度活躍消費者」（Annual Active Consumer）指過去12個月內通過相關平台有一筆或多筆確認訂單（無論買家及賣家是否結算交易）的用戶賬戶。

- 「月活躍用戶」（Monthly Active User）指該月內至少有一次訪問或登錄應用程式或網站等互聯網產品的數量，是其中一個用戶活躍度的方法和標準。

- 「訂單」指在特定期間內，買家和賣家在相關平台上就商品及服務交易確認的每筆訂單（無論交易是否結算），即使該訂單包括多個商品或服務項。

- 「市場開支對收入比率」是指公司在收入中，有多少錢會投放到市場中，因為這個行業重點是要更多的用戶使用平台，愈多人使用，才有愈多機會產生訂單，產生收入，以及拿到更多的數據做精準銷售。因此，對電子商貿平台來說，其實市場開支也是一個投資項目。

電子遊戲行業

- 電子遊戲行業除了有上述「月活躍用戶」營業指標外，另有「每月遊戲人均使用時長」，指的是過去一個月內人均使用遊戲的時數，時數愈長，代表對遊戲的黏著度愈高，「課金」的機會愈大。

- 「每月付費人數」指過去一個月內願意「課金」的人數。

- 「每使用者平均收入」（Average Revenue per User, ARPU）指的是一個時期內（通常為一個月或一年）公司平均每個用戶貢獻的收入。從計算的角度看，這個數值的大小取決於兩

個因素，業務收入和用戶數量，相對用戶數量，業務收入愈高，數值愈大，同時也反映企業的用戶結構狀況，當用戶構成中高端客戶佔的比重愈高，數值就愈高。這個數據通常會在電信公司使用，但手遊也是一個頗重要的指標，因為看公司的遊戲「課金」金額多大。

- 「研發開支對收入比率」是指公司在收入中，有多少錢會投放到研發中，因為這個行業要持續創新，有否足夠的研發開支，可能會影響公司日後的競爭力。

房地產投資信託（房託）

- 「物業組合分類」指公司所持有的物業種類，通常零售、寫字樓、酒店、服務式公寓、甚至是數據中心、物流中心，通常是以物業種類的面積百分比的形式披露。通過了解公司的物業組合分類，我們大約可以了解公司是甚麼類型的房託。

- 「行業組合分類」指公司的租客的行業分佈。租客就是公司的顧客，租客行業的分散程度、增長力、抵抗經濟周期的能力，直接影響公司的收入的波動性和增長力。

- 「續租租金調整率」指根據同一單位的新舊租約計算之每平方呎平均租金之百分比變動。

- 「租用率」反映公司旗下物業經營狀況的一項重要指標，是指已出租的物業面積與可以提供租用的物業面積的百分比。

- 「租約到期情況」指公司現在租約未來數年的到期情況。租約年期愈長，代表租客愈穩定；同樣也表示公司調整租金頻密度就會降低（即是可能加租加得會較慢）。

- 「平均每月租金」是已出租面積的每平方呎每月平均基本租金。

- 「資本化率」是衡量物業回報率的指標之一，將物業租金收益除以物業市價，方便投資者比較不同物業的回報。不同用途的物業，其資本化率不同，同等條件下，商業、寫字樓、住宅、工業用房的資本化率通常依次降低；物業的收益期愈長，資本化率愈高；收益期愈短，資本化率則愈低。

指標有可能被操控

以上只是一些小薯有研究的行業營運性指標，其實不同行業也有其獨特的經營指標，如果大家不知道某個行業有哪些經營指標必須參考，大家可看看行業的年報，看看有甚麼經營指標大家都有披露的，這些共同指標大多是這個行業有共識用來評核公司業務情況。

可是，如小薯所述，這些營運性指標不是經審核的數據，所以我們看的時候要抱著高度批判的思維去理解及詮釋。在看這些營運性指標時：

1. 需了解這些指標的定義。公司通常會披露這些指標的定義，如果指標的定義改變，就要小心。不過，一旦披露這些指標

的定義，基本上要持續追蹤不會太難，反而是出現異常走勢，就要考慮是反映實況，還是改變定義而來。

2. 小心多項相同性質的指標出現偏離或相反的走勢。例如一間零售公司，理論上每店平均收益（總收入／平均店舖數目）跟同店銷售額的增長率應該趨向一致，如果出現偏離，就可能是1）新店的銷售不理想；或2）更改了指標的定義。

3. 留意指標的可比性被公司的併購或出售活動影響。例如：阿里巴巴（9988）在2020年10月時收購了高鑫零售（6808）。阿里巴巴本身的零售收入是以佣金為主，收入較低（因為是以售貨價值 × 佣金率入帳），但利潤較高；高鑫零售則是傳統的買賣貨品，收入較高（因為是以售貨價值入帳）但利潤較低。因此，在比較2020年10月阿里巴巴之前及之後的利潤率時，可以會因為高鑫零售的合併而降低可比性。

4. 要注意公司不再披露重要指標。如上文所述，這些指標大多是這個行業有共識用來評核公司業務情況的重要指標。如果公司不再披露，可能是公司的經營出現問題，故意淡化事情，這是我們就要拉起紅旗，小心評估。

5. 留意管理層績效指標的經營指標。例如：一家平台公司管理層給出一個五年的註冊人數指標，管理層當然要命的達到這個指標向市場交功課，管理層可能為了交功課，就利用一些伎倆（例如付錢買註冊）去加大這個註冊人數。雖然註冊人數多寡也間接影響公司未來的增長，可是，用戶註冊了但不使用服務也是沒有用。因此，經營指標的有用性和被操控的可能性也要小心評估。

經調整EBITDA各適其適

除了營運性指標外，管理層也通常會披露一些經調整後的財務指標去評價自己的業務表現。小薯在《年報解密》的第三章第3.6節提過，不少公司很喜歡提供EBITDA（稅金、利息、折舊和攤銷前利潤），可是EBITDA卻沒有一個統一指標，香港會計準則是沒有，連投行和公司也有他們自己的一套EBITDA，沒有一個清晰的定義。雖然如此，EBITDA 這個指標也有一定的共識計法，也至少是從經審計的財務報表取數計算。

可是，管理層依然覺得EBITDA之外，還要提出其他的經調整後的財務指標，當中一例就是經調整的EBITDA。經調整的EBITDA可能會排除若干非現金項目及併購交易的財務影響，又或者調整

包括公司投資項目相關的非國際財務報告準則，或加回股權激勵費用。總之調整的項目各式其式。這些毫無章法可言的經調整後財務指標，管理層就可以在當中大做文章。

1. 例如，公司會解釋這些調整是當年的一次性項目，但是公司可能會把一些重覆性的支出當成一次性支出加回。例如，遣散員工的遣散費，遣散費理應是正常開支，但架構重組的遣散費卻當成一次性支出。

2. 相反，公司也可能把一次性收入當成重複性的收入並不予以扣減。例如，出售聯營公司的收益理應是一次性，但公司卻將之以重複性的收入處理，沒有扣減有關收入。

3. 另外，公司亦可在變動一些項目後，到翌年又不作相應調整。例如：公司在2018年核心利潤出現倒退，但有出售投資物業的收益，公司卻不扣減這個出售投資物業的收益，造成經調整後財務指標有增長的假象。到了2019年，公司也有出售投資物業的收益，金額較2018年大幅減少，但核心利潤回升，公司在披露時，就把2018年及2019年的出售投資物業的收益一併調整並扣減，又造成經調整後財務指標有增長的假象。

4. 最後，小薯曾經見過所謂「現金營利」的字眼。看回定義，原來其實是與經調整的EBITDA差不多的東西。不過，在《年報解密》提過，EBITDA就是EBITDA，經營現金流就是經營現金流，兩者不可以混為一談！

收集經營指標進一步分析

大家還記得我們在上文建立了一個Excel表單，輸入公司三張報表內的基本財務數字嗎？現在當大家學過上述的財務指標和經營指標、公司業務，以及在行業中的競爭能力後，應該大約知道公司的財務體質。如果大家對這家公司仍然有興趣，就可以再進一步，設立公司數據資料庫，手動輸入過去（至少）五至十年的財務指標和經營指標。

這個動作無可否認是很沉悶（所以為何這麼多人想找免費財經網站，過去5至10時的財務數據垂手而得），但這個步驟卻可以逼使你去看多幾年的年報。看著這些財務和經營數據，從中對公司的財務情況有個大致的想法。

* **靜態分析**：將同一期間財務報表各項目的比較與分析，又可稱為縱向分析，一般常用的靜態分析方法有共同比分析及比率分析。

* **動態分析**：主要是評估在一段期間內一連串財務報表資料，可以是相同項目變化，或者是項目與項目之間的比較，可以是簡單的增減比較，即是較上一期增加或減少多少個百分比，或是趨勢分析，研究是整體是向上，向下還是橫行的趨勢。

* **比率分析**：主要是分析財務報表選定資料項目間的關係。

圖2-23是虛構一間公司的財務數字，示範並作共同比分析的常用格式，收集各財務比率數字並製成的Excel表單，以總收入為基數，顯示每一個項目佔總收入的比例：

圖2-23　收集上市公司財務比率數字示範

		2018		2019		2020		2018 v 2019		2019 v 2020
		\<RMB\>		\<RMB\>		\<RMB\>				
業務A		550,000		450,000		335,030		-18%		-26%
業務B		468,000		538,960		586,043		15%		9%
業務C		45,000		50,200		80,084		12%		60%
總收入		1,063,000		1,039,160		1,001,157		-2%		-4%
銷售成本		(600,000)		(744,560)		(908,400)		24%		22%
毛利		463,000		294,600		92,757		-36%		-69%
行政成本		(40,000)		(50,350)		(70,620)		26%		40%
市場費用		(60,000)		(40,050)		(85,050)		-33%		112%
研發成本		(20,030)		(15,300)		(40,500)		-24%		165%
稅前利潤		342,970		188,900		(103,413)		-45%		-155%
稅金		(85,743)		(47,225)		25,853		-45%		-155%
稅後利潤		257,228		141,675		(77,560)		-45%		-155%

總收入就是共同比分析的基數100%，在2020年，公司的收入分別有33%（335,030 / 1,001,157）、59%（586,043 / 1,001,157）及8%（80,084 / 1,001,157）是由業務A、業務B及業務C而來，而總收入當中，銷售成本用掉了91%（908,000 / 1,001,157），所以得出毛利率9%，之後行政成本、市場費用、研發成本分別用掉了收入的7%、8%及4%，所以當年的經營溢利率是-10%。財務狀況表的共同比分析Excel表單編製方式也差不多，只是以公司的總資產為基數，以100表示為而已，其他做法也是跟上述一樣。

上圖2-23是利潤表的動態分析的常用格式。做法只是簡單的將上一年和今年做比較,計算今年較上一年升或了多少個百分比。

以業務C收入為例,2019年就比2018年上升12%,2020年又比2019年上升了60%。從趨勢看,業務C的收入是呈整體向上走勢(因為不斷有增長且增長率不斷提高);相反,業務A的收入是呈整體向下走勢(因為收入不斷減少)。業務B雖然金額上是呈向上走勢,但增長率卻是呈向下走勢。

除了從單單從金額和增長率去看趨勢外,還可以結合共同比分析一同研究:

1. 業務A的收入呈向下走勢,加上佔整體收入的比例也逐步下跌,反映這項業務可能開始式微,公司也可能想慢慢淡出這項業務。

2. 業務C的收入是呈整體向上走勢,雖然佔整體收入的比例仍然不大,但比例正逐步上升,反映這項業務可能是這家公司的新興業務,是未來的增長動力,那投資者就是注視這項業務的發展。

3. 業務B收入雖然逐年上升,但增長率卻走下坡,反映此項業務可能已達成熟階段,雖未致於好像業務A般衰落,但要像業務C般高增長也較困難。另外,業務B佔整體收入的比例也逐步提升,不過結合業務A的趨勢和整體收入的趨勢,業務B佔比上升可能只是業務A式微的此消彼長的結果,而這

項業務可能是在中短期作為公司現金牛的存在，那投資者需注意這項業務會否成為另外一項業務A。如果業務B在業務C成熟之前已經衰退，那公司可能在未享受到業務C的成果前，已經無以為繼，失去投資價值。

當你把目標公司過去五至十年的財務和營運數據輸入到Excel表單，並以上述的方法分析後，就可以了解公司在這期間的進展和表現，以及財務上和業務上的變化，思考公司的商業模式隨著時間的過去有何轉變，及後你應該可以回答以下基本的問題：

1. 隨著時間經過，公司的收入有何變化？不單是收入的增長，而是各分部的收入佔比。

2. 這段時間公司的利潤率有何變化？不單是整體利潤率的增長，而是各分部的利潤率情況。

3. 公司的利潤組成有何變化？是由收入增長帶動，還是由其他非業務的利潤帶動？

4. 會否有些年度的數據有異常，出現特別高或特別低？背後又是甚麼原因？

5. 利潤與現金流量的相對情況如何？

6. 公司如何使用剩餘的現金？

7. 公司的經營指標和財務指標是否吻合？

以上兩個方法只是分析的基本形式，每個人也可以根據自己的喜好，編製出自己獨有的Excel表單。除了財務指標和經營指標，小薯有時也會收集公司和產業有關的特別項目，或公司在「管理層討論和分析」中所披露的營運數據到表單內，並與財務指標互相比對。例如，公司一定要披露年底的員工人數，那我們可以用總收入除以員工人數，得出每名員工產生的收入，評估公司的員工效率。總之，這個表單的目標是讓你追蹤公司的營運和財務狀況，以便分析公司。

用京東和阿里巴巴做例子，將兩者作同類比分析，你應會注意到一些重要的競爭趨勢。例如，你會發現阿里巴巴的利潤率比京東多出很多，而且差距並不是一年半載，而是已經持續了一段時間，顯然兩間公司業務上是有些不同，或阿里巴巴有些優勢。

從京東和阿里巴巴的年報或10-K報表，就發現京東經營的模式主要是直接向廠家進貨，賺取差價。京東自己做中間人賣產品，交易手續費等客戶管理收入只佔小部分，相反阿里巴巴則是以客戶管理收入為主，經營模式的不同就形成了利潤率上的差距，以及收入和商品成交金額（GMV）的分別。最重要的是，這些想法和結論，大多數可以從量化和分析財報和閱讀年報內確認。

2.4 掌握公司前景及所處風險

主席報告書看公司前景

看完財報或10-K報表，設立了公司數據資料庫後，下一步就要看公司的業務前景。小薯通常會看過去至少5年的主席報告書。這些內容通常可在公司的年報開首或者在公司網頁的「投資者關係」（Investor Relations）頁面找到。小薯可以保證，盡可能地閱讀大量的主席報告書，對理解公司和管理層是值得的，有些主席報告書更是對投資有莫大裨益，例如巴郡（Berkshire Hathaway）的主席巴菲特、亞馬遜（Amazon）主席貝佐斯（Jeff Bezos）、資產管理公司Brookfield行政總裁弗拉特（Bruce Flatt），及橡樹資本管理（Oaktree）主席馬克斯（Howard Marks）給股東的信更是小薯必讀的！

小薯在閱讀主席報告書時，會注意以下的幾件事情：

1. 公司的核心價值是甚麼？

2. 這些主席報告書的內容直接清楚，還是不著邊際，抓不著癢

處，甚至有所隱瞞？小薯希望主席能坦白說出過去一年內發生的事情，不管是喜是悲。小薯不需要主席隱惡揚善，只需開誠布公即可。

3. 主席對所處的行業前景有甚麼看法？

4. 公司對未來一年有甚麼展望？長期公司又如何提高公司的內在價值？

同時，不只要看最新一年的主席報告書，而是要看過去至少五年。大家可能覺得很奇怪，明明這個小章節不是說要看公司前景的嗎？為從甚麼我們要看過去五年的主席報告書？其實，閱讀過去多年來的主席報告書的好處是能夠驗證主席在過去五至十年的業務重點是甚麼，營運風格如何？提出的行動隨後有沒有實行，還是假大空，不了了之？當投資或收購事後發現是失敗後，主席能否坦誠指出錯誤或只是避而不談？作為散戶，我們基本上沒有機會與管理層或主席直接對話，而主席報告書就是管理層能夠與投資者直接溝通的機會。如果他們對錯誤避而不談，甚至有所隱瞞，可能是公司管治一個警號。

另外，因為主席報告書通常也是年報內「管理層討論與分析」的一個總結，如果主席報告書對管理層的管治感覺也不太良好，也無謂再花時間去看了！小薯在《年報解密》的第三章第 3.3 節也開宗明義：「主席報告書會總結整年的營運和財務表現，透露公司正在面對的風險，以及對將來的想法。正正因為主席報告

書的內容是有舉足輕重的地位，所以內容行文通常都會十分謹慎，特別是未來展望的一部份，寫得太過樂觀或者太過悲觀，都會怕市場過分解讀，甚至說了一些做不了的事情，符合不了市場預期又會影響股價。故此，主席報告書就像我們的領導人說話一樣，話中有話，聽得懂當中的弦外之音，看得懂報告書當中的玄機，對我們了解公司業務發展十分重要。」因此，閱讀數年的主席報告書也分析公司必要的一環。小薯在書內列舉不少例子，有興趣的讀者可以一看。

看完主席報告書後，如果對公司管理層和公司前景有信心，就要詳細看看公司的「管理層討論與分析」，這部份向投資者陳述於報告期內公司經營情況、財務狀況、投資情況等資訊。當中最具前瞻性要數是「重大事項」，反映報告期內的重大收購或出售事項；「結算日後事項」，則是於年末後至公告日之間有甚麼重大事項發生，和「前景」，這地方特別之處，是表達了管理層對公司的投資狀況及未來的展望等。與主席報告書一樣，其實我們也可以參考數年年報的「前景」部分，看看管理層的執行情況，而一間公司的健康成長，有清晰貼地的戰略規劃也是必要因素，這小薯在《年報解密》第三章第3.4節「前景」部分中也有討論。

看清風險五大面向

大家走到這一步，你的心情應該會非常激動！因為看了公司有一項「非常正」的業務，在行業中又有非常強大的競爭力，在財務和經營方便的各種指標也表現亮麗，而且還要不止一年，而是過去五至十年的表現非常出眾，更要有非常誘人的前景！心裡開始暗喜：「今次仲唔扑中，呢間公司咁正，All in 啦！」「咪住！」真的投入資金於這家公司之前，停一停，諗一諗！先問一問自己：「呢間公司咁正，個 Market 點解發現唔到，仲未被炒起？有無咩地方我諗漏咗？」

對了！當你懂得問自己這個問題，就意味著你多方位的「思維架構」開始建立起來，而不是單向「範本分析」！在決定投入資金於這家公司之前，究竟是有甚麼風險我們不知道，而我們不了解，所以市場對這家公司沒有興趣？

我們評估公司的風險，其實有以下五個主要面向：

1. 經營風險

主要分析公司的機械和設備能否滿足當前生產經營需要，滿足企業發展需要（即是有沒有足夠的產能滿足市場需求）；產品市場定位、市場地位和客戶的滿意程度（即是在市場中是一個高級的價值，還是面向大眾市場？）；產品的技術和市場的壽命周期（科技產品的壽命周期通常較短）；技術的先進程度（大家最熟悉的例子就是半導體的製程）；技術和新產品的開發情況（有沒有

持續研發新產品取代已經過時的產品,以維持公司的競爭力);
及生產成本的競爭能力(成本控制愈好,更能通過降價去維持產
品的競爭力)。這部分的風險分析是集中在公司的產品或服務。

2. 市場風險

主要分析公司的競爭優勢、市場份額、銷售策略、銷售網路、定
價策略,及對主要競爭對手的分析。主要是集中在公司與競爭對
手的互動。‧

3. 管理風險

主要分析公司的管理層誠信,企業管治及激勵機制的合理性和有
效性,是關乎公司的管治架構。

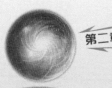

第二章 看年報 拆解公司價值

4. 財務風險

主要分析公司資產結構的合理性；公司資產的流動性和償債能力；經濟環境，如匯率、利率變動對公司的影響；財務報表的可信性、及時性及完整性，有關公司對資產結構及資產的流動性的理解。至於匯率、利率變動對公司的影響則會稍後的部分詳細討論。

5. 外部風險

主要分析外部因素變化給公司帶來的風險。這個部分基本上涵蓋了上面沒有提及的風險，例如國家法律和政策變化；國家的的貨幣供應對公司融資的影響；社會的人口質素是否支持公司發展所需要的人力資源；客戶、供應商的財務和經營情況；全球經濟情況和發展趨勢對公司的影響等，都是外部風險的一種。老實說，小薯沒有一套方法去分析這些風險，主要是平時多看新聞，多了解行業的發展，多思考每一件事對不同公司的影響，建立一套反射性思維，一接觸新的商業模式時，就自動思考這些部因素對這個商業模式的影響。可是，也有少許辦法可以讓我們知道如何切入，這就會在稍後的部分詳細討論。另外，環境、社會及管治（ESG）也是其中一個外部風險，但近年也成為其中一個新興的投資議題，有興趣的朋友可以自行研究。

上文討論了風險的五個主要面向，接著小薯就跟大家分享一下小薯如何切入分析。如果大家有更好的方法，歡迎在小薯的Blog留言交流。

美股風險披露鉅細無遺

圖2-24 Amazon透露公司面對的風險因素

Item 1A. *Risk Factors*

Please carefully consider the following discussion of significant factors, events, and uncertainties that make an investment in our securities risky. The events and consequences discussed in these risk factors could, in circumstances we may or may not be able to accurately predict, recognize, or control, have a material adverse effect on our business, growth, reputation, prospects, financial condition, operating results (including components of our financial results), cash flows, liquidity, and stock price. These risk factors do not identify all risks that we face; our operations could also be affected by factors, events, or uncertainties that are not presently known to us or that we currently do not consider to present significant risks to our operations. In addition to the effects of the COVID-19 pandemic and resulting global disruptions on our business and operations discussed in Item 7 of Part II, "Management's Discussion and Analysis of Financial Condition and Results of Operations," and in the risk factors below, additional or unforeseen effects from the COVID-19 pandemic and the global economic climate may give rise to or amplify many of the risks discussed below.

資料來源：Amazon.com Inc. 2020年10-K報表（第6頁）

美股的10-K報表有詳細討論公司風險，在1A項的「Risk Factor」一節內，除了會討論公司所處的行業風險外，還會討論經營風險、法律和規管風險和外部風險，鉅細無遺程度有時甚至小薯覺得公司「無嘢搵嘢嚟講」，但這個部分真的提供不少公司正面對的風險資訊。另外，在Item 3會提及公司正在面臨的訴訟，也進一步補充公司的法律和規管風險。當然，我們就是要評估公司正在面臨的訴訟的結果對公司的營運有多大影響。

圖2-24是Amazon 2020年的10-K報表，在這個章節，公司提及了不少的風險，例如：1）正面對競爭風險；2）開展新業務、新產品、新技術、新地區時，將會面臨新的風險等等。

圖2-25 Amazon透露公司正面臨經營物流中心和數據中心的風險

> **We Face Risks Related to Successfully Optimizing and Operating Our Fulfillment Network and Data Centers**
>
> Failures to adequately predict customer demand or otherwise optimize and operate our fulfillment network and data centers successfully from time to time result in excess or insufficient fulfillment or data center capacity, increased costs, and impairment charges, any of which could materially harm our business. As we continue to add fulfillment and data center capability or add new businesses with different requirements, our fulfillment and data center networks become increasingly complex and operating them becomes more challenging. There can be no assurance that we will be able to operate our networks effectively.
>
> In addition, failure to optimize inventory in our fulfillment network increases our net shipping cost by requiring long-zone or partial shipments. We and our co-sourcers may be unable to adequately staff our fulfillment network and customer service centers. Under some of our commercial agreements, we maintain the inventory of other companies, thereby increasing the complexity of tracking inventory and operating our fulfillment network. Our failure to properly handle such inventory or the inability of the other businesses on whose behalf we perform inventory fulfillment services to accurately forecast product demand may result in us being unable to secure sufficient storage space or to optimize our fulfillment network or cause other unexpected costs and other harm to our business and reputation.
>
> · We rely on a limited number of shipping companies to deliver inventory to us and completed orders to our customers. The inability to negotiate acceptable terms with these companies or performance problems or other difficulties experienced by these companies or by our own transportation systems could negatively impact our operating results and customer experience. In addition, our ability to receive inbound inventory efficiently and ship completed orders to customers also may be negatively affected by natural or man-made disasters, extreme weather, geopolitical events and security issues, labor or trade disputes, and similar events.

資料來源：Amazon.com, Inc. 2020 年 10-K 報表（第 10 頁）

如圖2-25，Amazon就提出公司正面臨經營物流中心和數據中心的風險，在第二段特別提到（紫框示），如果公司不能做到有效的存貨管理，可能會增加運輸成本，亦可能影響公司的商譽。於2021年下半年供應鏈緊張，導致公司2021年第三季業績下滑。其實這裡公司已經提出了這個風險，只是我們有沒有留意，又或者經評估後，相信發生的機率大不大而已。

市場風險

圖 2-26 Booking.com 披露的市場風險

Item 7A. Quantitative and Qualitative Disclosures About Market Risk

We have exposure to several types of market risk: changes in interest rates, foreign currency exchange rates and equity prices.

We manage our exposure to interest rate risk and foreign currency risk through internally established policies and procedures and, when deemed appropriate, through the use of derivative financial instruments. We use foreign currency exchange derivative contracts to manage short-term foreign currency risk.

The objective of our policies is to mitigate potential income statement, cash flow and fair value exposures resulting from possible future adverse fluctuations in rates. We evaluate our exposure to market risk by assessing the anticipated near-term and long-term fluctuations in interest rates and foreign currency exchange rates. This evaluation includes the review of leading market indicators, discussions with financial analysts and investment bankers regarding current and future economic conditions and the review of market projections as to expected future rates. We utilize this information to determine our own investment strategies as well as to determine if the use of derivative financial instruments is appropriate to mitigate any potential future market exposure that we may face. Our policy does not allow speculation in derivative instruments for profit or execution of derivative instrument contracts for which there are no underlying exposures. We do not use financial instruments for trading purposes and are not a party to any leveraged derivatives. To the extent that changes in interest rates and foreign currency exchange rates affect general economic conditions, we would also be affected by such changes.

資料來源：Booking Holdings Inc. 2020 年 10-K 報表（第 59 頁）

除了質性討論公司正面臨的行業風險、經營風險、法律和規管風險和外部風險外，在 10-K 報表 7A 項的「Quantitative and Qualitative Disclosures about Market Risk」中會披露公司面對的金融風險，並會加以量化。通常是市場風險（包括利率風險及匯率風險）、信貸風險、流動性風險、價格風險等。其中信貸風險主要來自公司的交易對手方未能履行財務合約下之責任的風險，簡單來說，就是壞帳風險。小薯在 2020 年 8 月 11 日的 Blog 文《匯豐這半年是真死？還是假死？》內，簡單分析公司在哪些特定原則，定義不同階段的風險。至於價格風險主要來自公司的投資產品的價格變動風險，簡單來說，就是股票、債券等投資產

品的價格下跌風險，直接易明，以下小薯會討論利率風險及匯率風險。

利率風險

圖2-27 MercadoLibre披露的利率風險

Interest

Our earnings and cash flows are also affected by changes in interest rates. These changes could have an impact on the interest rates that financial institutions charge us prior to the time we sell our credit cards receivable and on the financial debt that we use to fund our Mercado Pago and Mercado Credito's operations. As of December 31, 2020, Mercado Pago's funds receivable from credit cards totaled $863.1 million. Interest rate fluctuations could also impact interest earned through our Mercado Credito solution. As of December 31, 2020, loans granted under our Mercado Credito solution totaled $401.7 million. Interest rate fluctuations could also negatively affect certain of our fixed rate and floating rate investments comprised primarily of time deposits, money market funds and sovereign debt securities. Investments in both fixed rate and floating rate interest earning products carry a degree of interest rate risk. Fixed rate securities may have their fair value adversely impacted due to a rise in interest rates, while floating rate securities may produce less income than predicted if interest rates fall.

Under our current policies, we do not use interest rate derivative instruments to manage exposure to interest rate changes. As of December 31, 2020, the average duration of our available for sale debt securities, defined as the approximate percentage change in price for a 100-basis-point change in yield, was 0.8%. If interest rates were to instantaneously increase (decrease) by 100 basis points, the fair value of our available for sale debt securities as of December 31, 2020 could decrease (increase) by $4.8 million.

As of December 31, 2020, our short-term investments amounted to $1,241.3 million and our long-term investments amounted to $166.1 million. These investments, except for the $565.7 million included in short-term investments related to the Central Bank of Brazil Mandatory Guarantee and $71.2 million investment related to restricted escrow accounts regarding financial loans taken in Brazil, can be readily converted at any time into cash or into securities with a shorter remaining time to maturity. We determine the appropriate classification of our investments at the time of purchase and re-evaluate such designations as of each balance sheet date.

資料來源：MercadoLibre, Inc. 2020年10-K報表（第60頁）

公司可能會借錢，也可能會投放一些定息／帶息的投資產品（例如：債券），這些帶息負債及資產會因為利率變動而承受著利率風險。這個風險可以分為兩類，第一類是現金流量的利率風險。公司可能借入一些浮息的貸款，假設利率上升，公司就要支付更多的利息，這就是因為利率變動而帶入的現金流量利率風險。如果要解決這個現金流利率風險，其實是可以通過利率掉期合約，將浮動利率轉換為固定利率，以管理現金流量利率風險。利率掉期合約涉及較深的衍生工具策略，大家有興趣可自行研究。

第二類就是公平值利率風險。公司可能買入一些定息的美國國債。假設當美國國債孳息率上升，因為美國國債是定息，所以收取的利息現金流不會變，取而代之，就是這些美國國債在市場的價格會下跌，從而反映美國國債孳息率上升的影響。這就是因為利率變動而帶來的公平值利率風險。要解決這個風險，公司同樣可透過利率掉期合約管理。

有關利率變動對公司的影響，在財務報表內通常會有一部分，披露利率變化對公司的帶息負債及資產的影響，從而對公司的盈利有甚麼影響。通常，如果公司面對的是現金流量的利率風險，這個披露的表達方式是「假設利率上升／下調某個基點（100基點＝1%），而所有其他因素維持不變，則利潤會減少／增加若干金額，主要由於浮動利率借貸的利息開支增加／減少」。

如果公司面對的是公平值利率風險，表達方式可以是「假設利率上升／下調某個基點（100基點＝1%），而所有其他因素維持不變，則的某某帶息資產的公允價值會減少／增加若干金額」。

圖 2-27是於美國掛牌的在南美洲經營的電商MercadoLibre於財報中披露的利率風險，透露利率變化對公司可供出售債務證券的影響：「截至2020年12月31日，我們的可供出售債務證券平均年期為0.8%（定義為收益率變化100個基點時，價格變化的大致百分比）。如果利率即時上升／（下調）100個基點，截至2020年12月31日，我們可供出售債務證券的公允價值可能減少／（增加）480萬美元。」（見圖2-27第二段）

匯率風險

圖2-28 MercadoLibre披露美元匯率變化對公司收入的影響

Foreign Currency Sensitivity Analysis

The table below shows the impact on our net revenues, expenses, other expenses and income tax, net loss and equity for a positive and a negative 10% fluctuation on all the foreign currencies to which we are exposed to as of December 31, 2020 and for the year then ended:

Foreign Currency Sensitivity Analysis (*)			
(In millions)	-10%	Actual	+10%
	(1)		(2)
Net revenues	$ 4,414.8	$ 3,973.5	$ 3,612.4
Expenses	(4,274.3)	(3,845.8)	(3,495.1)
Income from operations	140.5	127.7	117.2
Other income/(expenses) and income tax related to P&L items	(93.7)	(85.9)	(79.6)
Foreign Currency impact related to the remeasurement of our Net Asset position	(42.1)	(42.5)	(42.8)
Net Income (loss)	4.7	(0.7)	(5.1)
Total Shareholders' Equity	$ 1,712.0	$ 1,651.6	$ 1,514.0

(1)   Appreciation of the subsidiaries local currency against U.S. Dollar
(2)   Depreciation of the subsidiaries local currency against U.S. Dollar
(*)   The table above does not total due to rounding.

The table above shows an increase in our net income when the U.S. dollar weakens against foreign currencies because of the positive impact of the increase in income from operations. On the other hand, the table above shows an increase in our net loss when the U.S. dollar strengthens against foreign currencies because of the negative impact of the decrease in income from operations.

During 2020, we entered into hedging transactions in Brazil and Mexico in order to reduce the volatility of earnings and cash flows associated with changes in foreign currency exchange rates. See note 24 to our audited consolidated financial statements for additional information.

資料來源：MercadoLibre, Inc. 2020 年 10-K 報表（第59頁）

因為有些公司不單止會在其所在國營運，還會在海外營運，因而面臨各種貨幣風險，從而產生外匯風險。外匯風險主要來自於與公司的海外交易對手進行交易時，公司從其海外交易對手所接受的外幣資產及負債。

有關匯率變動對公司的影響，在財務報表內通常會有一部分，披露利率變化對公司的帶息負債及資產的影響，如何影響公司的盈

利。這個披露的表達方式通常是以公司的「功能貨幣」形式表達即是公司營運時所面對的主要經濟環境的貨幣，以公司的收入貨幣及融資貨幣為主要考慮因素（有興趣了解更多的，可詳見小薯2018年8月14日的Blog文《從年報能否知道外幣浮動對公司的影響？》）披露的方式通常是「倘某一外幣兌公司的功能貨幣升值／貶值某個百分比，而所有其他的因素保持不變，則換算以其外幣計值的淨貨幣資產產生的匯兌收益／虧損淨額導致利潤淨額將增加／減少若干金額」，或者由「目前實際的金額增加／減少至多少」。另外，這部分也會討論公司如何處理應對外匯風險。

MercadoLibre Inc被稱為拉丁美洲的eBay及Amazon，但因為南美洲的貨幣浮動得很厲害，所以公司採用美元作為功能貨幣，亦因而面臨很大的外匯風險。我們看圖2-28 MercadoLibre Inc就其匯率風險的分析，公司披露稱如果美元相對外幣貶值了10%，相對公司目前的實際收入（Net Revenue）39億美元，其收入理論上會升至44億美元，而經營溢利（Income from operations）就會由目前實際的1.3億美元升至1.4億美元；反之，如果美元相對外幣升值了10%，公司收入就會較實際的39億美元下跌至36億美元，而經營溢利（Net Revenues）就會由目前實際的1.3億美元下跌至1.2億美元。最後一段，就闡述了公司於2020年，在巴西和墨西哥進行了對沖交易，以減少與因匯率變動而導致的收益和現金流波動。

圖2-29 Google母公司Alphabet Inc.披露的外匯風險

Foreign Currency Exchange Risk

We transact business globally in multiple currencies. Our international revenues, as well as costs and expenses denominated in foreign currencies, expose us to the risk of fluctuations in foreign currency exchange rates against the U.S. dollar. Principal currencies hedged included the Australian dollar, British pound, Canadian dollar, Euro and Japanese yen. For the purpose of analyzing foreign currency exchange risk, we considered the historical trends in foreign currency exchange rates and determined that it was reasonably possible that adverse changes in exchange rates of 10% could be experienced in the near term.

We use foreign exchange forward contracts to offset the foreign exchange risk on our assets and liabilities denominated in currencies other than the functional currency of the subsidiary. These forward contracts reduce, but do not entirely eliminate, the effect of foreign currency exchange rate movements on our assets and liabilities. The foreign currency gains and losses on the assets and liabilities are recorded in other income (expense), net, which are offset by the gains and losses on the forward contracts.

If an adverse 10% foreign currency exchange rate change was applied to total monetary assets, liabilities, and commitments denominated in currencies other than the functional currencies at the balance sheet date, it would have resulted in an adverse effect on income before income taxes of approximately $8 million and $497 million as of

December 31, 2019 and 2020, respectively, after consideration of the effect of foreign exchange contracts in place for the years ended December 31, 2019 and 2020.

We use foreign currency forwards and option contracts, including collars (an option strategy comprised of a combination of purchased and written options) to protect our forecasted U.S. dollar-equivalent earnings from changes in foreign currency exchange rates. When the U.S. dollar strengthens, gains from foreign currency options and forwards reduce the foreign currency losses related to our earnings. When the U.S. dollar weakens, losses from foreign currency collars and forwards offset the foreign currency gains related to our earnings. These hedging contracts reduce, but do not entirely eliminate, the effect of foreign currency exchange rate movements. We designate these contracts as cash flow hedges for accounting purposes. We reflect the gains or losses of foreign currency spot rate changes as a component of AOCI and subsequently reclassify them into revenues to offset the hedged exposures as they occur.

If the U.S. dollar weakened by 10% as of December 31, 2019 and 2020, the amount recorded in AOCI related to our foreign exchange contracts before tax effect would have been approximately $1.1 billion and $912 million lower as of December 31, 2019 and 2020, respectively. The change in value recorded in AOCI would be expected to offset a corresponding foreign currency change in forecasted hedged revenues when recognized.

We use foreign exchange forward contracts designated as net investment hedges to hedge the foreign currency risks related to our investment in foreign subsidiaries. These forward contracts serve to offset the foreign currency translation risk from our foreign operations.

If the U.S. dollar weakened by 10%, the amount recorded in cumulative translation adjustment ("CTA") within AOCI related to our net investment hedge would have been approximately $936 million and $1 billion lower as of December 31, 2019 and 2020, respectively. The change in value recorded in CTA would be expected to offset a corresponding foreign currency translation gain or loss from our investment in foreign subsidiaries.

資料來源：Alphabet Inc. 2020年10-K報表（第47-48頁）

這裡以Google母公司Alphabet為例子，在圖2-29 Alphabet Inc. 的10-K報表中所披露的「外匯風險」，第三段披露（深紫圈位置），如果於2020年12月31日，美元貶值了10%，公司的稅前

利潤有4.97萬億美元的負面影響。上一段（紫圈位置），則闡述了公司利用外匯遠期合約，去對沖匯率變動對公司資產和負債的影響。

港股可一同參考美股同業

圖2-30 微博討論的公司或出現的風險因素

風險因素

閣下投資股份前，應審慎考慮本文件所載的全部信息，包括下文所載有關我們業務及行業與全球發售的風險和不確定因素。閣下尤其應注意，我們為於開曼群島註冊成立的公司，主要在中國運營，且在若干方面受到與其他國家不同的法律及監管環境的規管。我們的業務可能會因任何該等風險而受到重大不利影響。

與我們的業務有關的風險

倘我們未能擴大活躍用戶群或倘我們平台的用戶參與度下降，我們的業務、財務狀況及經營業績可能受到重大不利影響。

我們活躍用戶群和用戶參與度的增長對我們的業務至關重要。於2021年6月，我們的月活躍用戶達到5.66億，平均日活躍用戶達到2.46億。我們的業務已經並將持續受到我們能否成功擴大和留住大量活躍用戶及提高其在我們平台的整體參與度（包括其對我們平台的信息流廣告、其他廣告及營銷產品以及增值服務的參與度）的重大影響。隨著我們用戶群的規模擴大及我們在中國互聯網人口中的市場滲透率提高，我們預期我們的用戶增長率將隨時間減緩。倘我們的用戶增長率減緩或我們的用戶數量下降，我們的成功將愈發取決於我們留住現有用戶及提高平台用戶活躍度和黏性的能力。倘人們認為我們平台上的內容及其他產品和服務缺乏趣味性和實用性，我們可能無法留住及吸引用戶或提高其參與度。許多在早期大受歡迎、以用戶為導向的網站及移動應用程序的用戶群或參與度已出現下降（於部分情況下突然下降）。無法保證我們的活躍用戶群或參與度不會出現類似的下降情況。多項因素可能對用戶增長及參與度造成潛在負面影響，包括以下情況：

資料來源：微博股份有限公司招股書（第46頁）

第二章　看年報　拆解公司價值

在香港上市的公司的招股書中，除了有關公司所上的行業基本資料以及競爭情況外，也要在「風險因素」一章內，披露與公司的業務有關的風險，與美股10-K報表一樣鉅細無遺。其實相對公司自身和行業的前景，小薯更著重招股書的這個部分，因為這個部分所披露的風險，可能是投資全軍盡墨的原因！

圖2-31　微博分析人民幣兌美元的匯率變動

外匯風險

人民幣兌美元及其他貨幣的匯率受中國政治經濟形勢、中國外匯政策等因素變化的影響。很難預測市場力量或中國或美國政府政策未來如何影響人民幣與美元之間的匯率。迄今為止，我們尚未訂立任何對沖交易以降低我們面臨的外匯風險。

我們的收入及成本主要以人民幣計價，我們的很大一部分金融資產亦以人民幣計價，而我們的呈報貨幣為美元。人民幣的任何重大貶值都可能對我們以美元呈報的收入、盈利及財務狀況造成重大不利影響。倘我們需要將我們自發行2022年票據、2024年票據及2030年票據中收到的美元轉換為人民幣用於我們的運營，人民幣兌美元升值將對我們自轉換中收到的人民幣金額造成不利影響。相反，倘我們決定將人民幣轉換為美元以用於支付普通股或美國存託股的股息或其他商業目的，美元兌人民幣升值將對我們可獲得的美元金額造成負面影響。

以下為對人民幣兌美元匯率變動影響的敏感性分析，分析乃基於假設：(1)預計於中國運營的淨利潤等於2020年的淨利潤；(2)預計於中國運營的資產淨額等於截至2020年12月31日的人民幣及美元餘額；及(3)在此期間匯率按比例發生波動：

人民幣兌美元匯率變動	全面收益的換算調整	交易收益（虧損）
	（以千美元計）	
升值2%...............................	53,028	(241)
升值5%...............................	132,713	(603)
貶值2%...............................	(52,950)	241
貶值5%...............................	(132,222)	603

資料來源：微博股份有限公司招股書（第266頁）

圖 2-32 微博討論公司正面對的利率風險

利率風險

我們面臨的利率風險主要與過剩現金產生的利息收入有關，該等現金主要以計息銀行存款的方式持有。計息工具附帶一定程度的利率風險。我們並無因利率變動而面臨重大風險，亦無使用任何衍生金融工具來管理我們的利率風險。然而，由於市場利率變動，我們的未來利息收入可能會低於預期。

資料來源：微博股份有限公司招股書（第267頁）

圖 2-33 比亞迪披露的利率風險

Interest rate risk (continued)	利率風險（續）	Increase/ (decrease) in basis points 基點的 增加／（減少）	Increase/ (decrease) in profit before tax 除稅前溢利的 增加／（減少） RMB'000 人民幣千元	Increase/ (decrease) in equity* 權益*的 增加／（減少） RMB'000 人民幣千元
2020	**二零二零年**			
RMB	人民幣	25	(19,027)	(19,027)
RMB	人民幣	(25)	19,027	19,027
2019	**二零一九年**			
RMB	人民幣	25	(22,858)	(22,858)
RMB	人民幣	(25)	22,858	22,858
* Excluding retained profits and exchange fluctuation reserve	* 不包括留存溢利及外匯波動儲備			

資料來源：比亞迪股份有限公司2020年年報（第266頁）

圖2-34 比亞迪披露人民幣兌美元匯率變化對公司的影響

		Increase/(decrease) in US$ rate 美元匯率增加／(減少) %	Increase/(decrease) in profit before tax 除稅前溢利增加／(減少) RMB'000 人民幣千元	Increase/(decrease) in owners' equity* 所有者權益*的增加／(減少) RMB'000 人民幣千元
2020	二零二零年			
If RMB weakens against US$	倘人民幣兌美元貶值	5	288,207	288,207
If RMB strengthens against US$	倘人民幣兌美元升值	(5)	(288,207)	(288,207)
2019	二零一九年			
If RMB weakens against US$	倘人民幣兌美元貶值	5	233,485	233,485
If RMB strengthens against US$	倘人民幣兌美元升值	(5)	(233,485)	(233,485)

* Excluding retained profits and exchange fluctuation reserve   * 不包括留存溢利及外匯波動儲備

資料來源：比亞迪股份有限公司2020年年報（第265頁）

雖然港股市場在披露的透明度和深度遠遠不及美股市場。不過，港股的年報中同樣也有利率變動和匯率變動的敏感性測試，其理解也與美股的披露類似。

有關公司正面對的經營、市場、行業和外部風險，在香港上市的公司因為沒有硬性要求披露，所以通常不會討論。因此，如果我們想了解公司所面對的風險，有幾個方法可以嘗試：

1. 參考在美國上市的同業。例如比亞迪可以參考蔚來（NIO）、

小鵬汽車（XPEV），阿里巴巴的雲業務可以參考微軟（MSFT）及亞馬遜（AMZN）等等；

2. 參考同樣在香港上市的公司的招股書。例如大家樂（0341）可以參考譚仔國際（2217）；AIA（1299）可以參考保誠（2378），比亞迪可以參考理想汽車（2015）等；

3. 參考大行分析報告。小薯看過多份大行分析報告，不過關於風險的部分通常都是「虛得很」，闡述多一兩句都沒有，只是聊勝於無，多一角度和想法而已，加上大行分析師或多或少會有隱惡揚善的傾向，因此有選擇情況下，小薯不太建議單靠大行報告去評估公司的風險；

4. 參考「沽空機構」的沽空報告。因為沽空機構的工作就是尋找沽空機會，藉此賺錢。這些機構通常在沽空之後，會發表對沽空股票的不利「調查報告」，通常會指控這些公司偽造數據、虛報盈利、或誇大盈利。可是沽空報告是由沽空機構發出，存在強烈的利益衝突，是真是假我們散戶很知道，不過作為一項參考資料未嘗不可。同時，上市公司多會就沽空報告的內容發公告澄清，如果我們正、反兩面的理據也有所了解，也能對公司的營運和風險有多些認識。

透視「起死回生股」
及「成長股」的價值

在2020年疫情爆發後，市場對兩種股票特別有興趣，一種是起死回生股，即是炒疫後復蘇的概念；另外一種是成長股，或者更厲害的破壞性創新公司，不管公司有沒有盈利，不管公司有沒有現金流入，甚至不管公司有沒有收入，只要有破壞性的創新技術，可以顛覆世界，就會有人追捧！今次，小薯就想跟大家了解一下這兩類型公司的投資邏輯。

起死回生的基礎

在疫情後，有一大堆受疫情負面影響的公司，完全沒有生意。有些投資者就看準這些公司飽受疫情催殘、在股價低殘時買入，等待疫情復蘇，生意回復正常時，期待這個從谷底反彈的強大力量，從中獲利。說到這個「起死回生」的概念，不得不提巴菲特的投資旗艦巴郡哈撒韋（Berkshire Hathaway），它的前身是一家經營困難的紡織公司，後來被巴菲特收購，自此浴火重生，成為千億市值旗艦。股神曾於1979年致股東的信中，分享將之起死回生的經驗：

「雖然我們的紡織事業仍持續不斷有現金流入，但與過去所投入的資金不成正比，這並非管理層的錯，主要是行業使然，在某些產業，例如電視台，都能夠從現有的有形資本獲得非凡的回報，而資產售價也奇高，帳面一塊錢的東西可以叫價十倍，反映出驚人的身價，雖然有點嚇人，但那樣『容易（Easy）』的業務可能是更好的路線。」

「當然我們可以按經驗尋找新路線。我在數年前買入位於曼徹斯特的紡織公司Waumbec Mills，以擴大在紡織業的投資，買入的價格相當划算，並獲得一批價廉物美的機器設備與不動產，但事後證明這個決策是錯誤的，我們即使再努力，舊的問題好不容易才解決，新的問題又冒出來。」

「在經過多次慘痛的教訓後，我們得到的結論是，**所謂『起死回生』(Turnarounds)鮮有發生，與其花精力買入廉價的爛公司，還不如以合理的價格投資優質的企業**。收購 *Waumbec Mills* 雖然是錯誤，但慶幸未釀成災難，它部份業務有助位於美國麻省 *New Bedford* 的室內裝飾品生產線（這是我們最強的特許經營業務），我們也相信在曼徹斯特大幅縮減營運規模後，仍有獲利的空間，只是我們投資的初衷被證明不可行。」

在 1980 年巴菲特在致股東的信中進一步討論：

「過去我們已提過投資這些『超死回生』的公司如何令人大失所望。這些年來我們接觸了數十個這樣的行業，它們都有數百種起死回生的可能性，無論是參與投資或只是從旁觀察，我們都有追蹤這些企業往後的發展。我們的結論是，除了少數的例外，**當一個才華洋溢見稱的管理層，遇著一家經濟基礎差的業務時，最後留下來的只有後者。**」

「去年我們縮減在紡織業的營運規模，在情非得已下關閉紡織廠 *Waumbec Mills*，除了將少數設備轉移至 *New Bedford* 外，其餘設備連同廠房都將處理掉，我本人因沒有早日面對事實，而犯下這個代價高昂的錯誤。」

在 1985 年，巴菲特在致股東的信中作出一個定論：

「我們在 7 月決定結束紡織業務，這項令人不太愉快的工作在年底也大致告一段落，回顧紡織產業的歷史深具啟發性……」

第三章　透視「起死回生股」及「成長股」的價值

「當年我們買下 Berkshire Hathaway 這家位處美國南方的紡織廠時，當地因沒有工會組織而被公認為較具競爭優勢。當時大部份北方工廠已關閉，許多人認為我們也應該將這公司清盤（Liquidate）。但是，我們認為公司若有一位長期穩定的管理者，營運將可改善⋯⋯」

「多年來，我們可以選擇投入大量的資本支出以降低變動成本，每次就此提出的企劃看來都穩賺不賠，以標準的投資回報率來看，甚至比我們高獲利的糖果與新聞業務還好得多，但這些預期的回報最後證明只是一種幻象⋯⋯」

「這對股東來說最悲慘的結果，說明花費大量人力物力在錯誤的產業可能導致的後果。有如英國文學評論家約翰遜（Samuel Johnson）形容 ── **一隻能數到十的馬是只了不起的馬，卻不是了不起的數學家**（A horse that can count to ten is a remarkable horse, not a remarkable mathematician），同樣地，一家能夠合理運用資金的紡織公司，雖然是了不起的紡織公司，但不是了不起的企業。」

檢視公司質素

小薯建議想投資起死回生股的朋友，先閱讀 1985 年巴菲特的定論。大家可以想想，一家公司會讓自己陷入財困已證明不是好公司，而且要起死回生，把瘀血清除，花的功夫一定較等待好公司成長多，也不能保證導致財困的問題會消失。

不過，相信有人會說巴菲特投資汽車保險公司GEICO起死回生而大賺的故事吧？

巴菲特於1980年在致股東的信中討論過投資GEICO的決定：

「GEIGO或許是一個例外，自1976年在幾乎破產的邊緣起死回生……公司以往優異的表現造就其業務的根基，即使身陷財務與經營問題中，仍然能完好無缺。」

*「GEIGO的問題與1964年美國運通（American Express）捲入沙律油詐騙醜聞事件類似，兩家公司皆為獨一無二，一時的打擊並未破壞公司優秀的經濟基礎。**GEICO及美國運通就像一個健康的人患有腫瘤般，只要遇到一位經驗豐富的醫生，就能化險為夷。**」*

如果你真的要投資起死回生股，首先要確保公司是一家優質公司，而不是一間了不起的「平凡公司」，而目前的困境，是因為短暫外在不可抗力的因素導致，並非行業或公司自身的問題。如果經過研究後，它是一家優質的公司，我們下一步就是確保它能走出困境。

看短期償債能力

第一步，亦是最簡單的檢查，就是其償債能力比率，特別是短期償債能力。因為公司現在面對短期的困境，通過檢驗公司的短期償債能力，確保公司有否能力渡過難關。

可是，財報比率有一個問題，就是分子和分母是建基於某一時點，或者過去一年的營運數據，反映的是某一時點的短期償債能力。我們想要知道，公司未來一年或者更長時間是否有能力渡過困境，那我們就要看其他資料去判斷。

審視流動資金風險

進一步，如果我們想知道公司未來一年或以上的時間能否有足夠的現金流渡過困境，我們可以通過財報某些附註得出答案。

第一個附註就是財務風險因素內的「流動資金風險」（Liquidity Risk），這個附註反映未來一至五年到期的金融負債（即是未來需要現金支付的負債），例如銀行借款、應付款等，而非金融負債（則是未來不需要現金支付的負債）則不會放到流動資金風險的披露內，例如合約負債（因為合約負債是通過提供服務或貨物去清繳，而非用現金支付）。這個披露有幾點值得大家注意：

1. 披露內的金額是本息合計金額，例如銀行借款，就是披露公司未來一至五年到期的本金和利息。

2. 除了有還款期的負債，基本上沒有還款期的負債也需要還款，例如應付款，但實際上這些應付款是可以拖欠的，大家可以與應付帳款周期（＝365天 × 全年平均應付帳款 / 全年銷貨成本）一起評估。

3. 披露通常以財務報表日起計一年內 / 即期、一至兩年、二至五及五年以上要支付的時期作披露。例如，財務報表是2019年12月31日，那流動資金風險披露的，就是公司在2020年12月31日之前、2021年1月1日至2021年12月31日、2022年1月1日 至2024年12月31日、 及2025年1月1日或之後需要支付的負債。

4. 當我們評估公司有沒有足夠資金去應付債務時，謹記要配合資產的流動性。如果我們想知道公司有沒有能力還清一年內到期的負債，就應該看看公司有否足夠的流動資產去還債，非流動資產在這裡的意義就不大。當然，我們也需要了解公司資產的變現程度，這部分小薯在《年報解密》中第三章第3.5節已有討論。

5. 下一章介紹的卓悅(0653)及莎莎(0178)，前者的披露方法為表列形式，而莎莎則是以文字形式，兩者內容理解都是一樣。

其實公司應該是要定期監察自身的流動資金風險，清楚了解目前及預期之流動資金需要，以確保公司能夠維持足夠現金儲備以應付其短期及長期之流動需要。

莎莎、卓悦——
現金流決定「疫境」

3.2

我們現在以卓悦和莎莎這兩者香港知名化妝品零售業公司作例子，兩者公司均以遊客為主要客源。由2019年社會運動，到2020年爆發疫情令旅遊業和零售業完全停頓，化妝品零售業受到嚴重衝擊。假設這個行業還未到夕陽，如果你想在疫情時，趁行業谷底買入卓悦或莎莎其中一間公司的股票，搏公司疫後浴火重生，你會選擇哪一間？

圖3-1 卓悦的流動資金數字

本集團根據合約未貼現現金流量之金融負債之到期分析如下：	The maturity analysis based on contractual undiscounted cash flows of the Group's financial liabilities is as follows:			
		少於一年或按要求 Less than 1 year or on demand 千港元 HK$'000	一年至兩年期間 Between 1 and 2 years 千港元 HK$'000	兩年至五年期間 Between 2 and 5 years 千港元 HK$'000	五年以上 Over 5 years 千港元 HK$'000
於二零二零年十二月三十一日	At 31 December 2020				
貿易及其他應付賬款	Trade and other payables	172,420	210	–	–
銀行借款	Bank borrowings	400,380	–	–	–
貿易融資款	Trade finance loans	39,047	–	–	–
其他借款	Other borrowings	8,281	–	–	–
應付關聯公司款項	Amount due to related companies	36,501	–	–	–
租賃負債	Lease liabilities	119,726	45,811	44,027	–
於二零一九年十二月三十一日	At 31 December 2019				
貿易及其他應付賬款	Trade and other payables	168,998	321	–	–
銀行借款	Bank borrowings	192,340	26,304	144,541	83,169
貿易融資款	Trade finance loans	40,047	–	–	–
應付關聯公司款項	Amount due to a related company	23,553	–	–	–
來自一間關聯之貸款	Loan from a related company	250	5,000	–	–
租賃負債	Lease liabilities	200,520	147,756	159,363	2,255

資料來源：卓悦控股有限公司2020年年報（第140頁）

圖3-2 莎莎國際討論公司的流動資金風險

(iii) 流動資金風險

審慎之流動資金風險管理指維持充裕現金及適當充裕且還款期不同以減輕任何年度承受再融資風險之可用已承諾信貸融資額，以提供營運資金、派付股息、進行新投資及平倉（如需要）。

截至2021年3月31日，本集團持續經營業務虧損為359,298,000港元（2020年：475,082,000港元），本集團的經營業務產生之現金流入為548,087,000港元（2020年：648,567,000港元），但若包括支付租賃負債（包括利息）627,863,000港元（2020年：774,472,000港元），截至2021年3月31日則有現金流出79,776,000港元（2020年：125,905,000港元）。

根據本集團於2021年3月31日的現金及銀行結餘為526,404,000港元（2020年：641,503,000港元），加上現時尚未動用的銀行融資大約171百萬港元（2020年：141百萬港元），並考慮到新冠疫情對本集團營運的潛在影響以及復甦速度，本集團擁有足夠的流動性和財務資源，可以完全滿足由結算日起計的12個月內的財務責任和營運資金需求。

於2021年3月31日，本集團之金融負債主要為應付賬款及其他應付款項409,225,000港元（2020年：374,993,000港元），主要於3個月內到期。12個月內及超過12個月的租賃負債分別為349,603,000港元（2020年：574,006,000港元）及299,513,000港元（2020年：505,064,000港元）。

資料來源：莎莎國際控股有限公司2020/2021年年報（第169頁）

大家從上面卓悅的2020年年報和莎莎的2020/2021年年報中的流動資金風險，就看到兩間公司的流動性風險的分別。

卓悅（2020年）

- 未來一年內要付約7.8億港元（下同），第二年要付約4,600萬元。

- 7.8億元一年內需要的支付的金額中，有4.4億元是銀行借款等帶息負債。這些負債是不能拖欠的，因為一旦拖欠，就意味著公司違約，可能導致破產危機。

- 有1.2億元的租金將於一年內要支付。租金也是不能拖得太久，因為拖得太久，業主落閘放狗，生意沒得做，更何況還債？

第三章　透視「起死回生股」及「成長股」的價值

- 參考公司的財務狀況表，公司在年末時只得約2,030萬元現金和9,732萬元存貨（假設真的不需蝕賣套現），即使計上放在非流動資產的上市公司康健國際（3886）約7,450萬元的股票，總計約有1.9億元可以即時變現的資產。

- 2020年公司的自由現金流出（經營活動所產生之現金淨額 – 購入物業、廠房、設備 – 購入其他無形資產 – 租賃付款的本金部份）約9,700萬元，即使是2019年也只有約5,100萬元自由現金流出。

- 1.9億元帳面可以隨時即時變現的資產，究竟用來交租做生意較好，還是用來償還銀行貸款，抑或要頂住自由現金流出去做生意？

莎莎（2020/2021年）

- 未來一年內要付約7.6億港元（下同），第二年要付約3億元，共10.6億元。

- 7.6億元一年內需要支付的金額中，有4.1億元是租金，其他只是為應付賬款及其他應付款項（即是可以拖數），並沒有銀行借款等帶息負債。

- 參考公司的財務狀況表，公司在年末時有約5.2億元現金和7.7億元存貨（假設真的不需蝕賣套現），總計約有12.7億元可以即時變現的資產。

- 另外，公司尚未動用的銀行融資大約1.7億元，意味著有需要時公司可以即時向銀行借錢。

- 2020/21年公司有自由現金流出約1.3億元，即使是2019/20年也有約2.4億元自由現金流出。

- 12.7億元帳面可以即時變現的資產，加上1.7億元尚未動用的銀行融資，合計14.4億元的財務，即是把所有10.6億元的負債清繳，公司還有1.7億元可以頂住三年的自由現金流出（以2020/21年水準計）。

看到這裡，大家應該知道卓悅未來一年有否足夠的現金及現金流渡過困境。如果搏公司起死回生，可能就要考慮這點。從結果論，卓悅在2020年年底曾被多個業主追租，甚至有業主向高院申請要求將卓悅化妝品批發中心有限公司（卓悅附屬公司）清盤，其後已撤回。到2021年中，有新聞報導指卓悅前股東葉俊亨夫婦向卓悅化妝品批發中心有限公司追討未償還貸款。相反，從財務反映，莎莎不但可以頂住債務，更加可以支援多三年的困境，搏起死回生的機率也大些。

承擔

另外一個附註就是「承擔」（Commitment），是披露公司承諾在一段時間內需要作出或可能會做的資本支出。有這個「承擔」的出現，是因為：

1. 通常公司簽了約，但因為未發生，在會計制度「應該發生」的大原則下，未確認為負債且不會出現在財務狀況表中，或

者未作撥備，所以存在一個對履行合約的承諾，即是「已簽約但未撥備」（Contracted but not Provided for）的「承擔」。

2. 有些公司會做預算規劃，並已得到董事局授權但尚未簽約。因為董事局已授權，雖然未簽署任何合約，但推展的機會很大，所以算是公司對長遠發展的一個承諾，即是「已授權但尚未簽約」（Authorised but not yet Contracted for）的「承擔」。

舉一個例子，某公司董事局批准一個 1,000 億港元（下同）的香港北區發展大計，當中簽了 1 億元的顧問合同，2 億元的購買機械合同，而機械合同約定兩後年交貨，交貨時才付款。這裡就出現了三個金額：

- 1 億元顧問合同：因為顧問合同一簽就即時開工，那就即是變成負債，或至少會作撥備，因此會在財務狀況表中出現。

- 2 億元購買機械合同：因為機械要兩年後才送抵公司，所以未形成「負債」，但已作出一個履行合約的承諾，所以就是一個「已簽約但未撥備」的「承擔」。

- 1,000 億元香港北區發展大計：因為董事局已批准，所以是「已授權」，而當中的 3 億元「已簽約」，所以剩下的 997 億元就是「已授權但尚未簽約」的「承擔」。

這些「承擔」通常會是購買機械／材料，對合營／聯營公司的注資、租金等。大家看到這裡，可能會有一個疑問，那跟上一節的「流動資金風險」有甚麼區別？區別在於「流動資金風險」中所列示全都是金融負債，即是在年末時已在財務狀況表中反映；「承

擔」則因為未形成負債,所以不會在財務狀況表中出現,但已存在一個承諾。在分析時,小薯除了會根據「流動資金風險」去評估公司有沒有足夠的現金或流動資產去支付債務外,也是看「承擔」內的「已簽約但未撥備」,看公司還債後還能否支付這個承諾。因為雖然合約的動作未做,但約已簽,不履行合約可能被告違約。因此,在評估起死回生股的流動性問題和生存機率時,也會把這個承諾考慮在內。另一邊廂,因為「已授權但尚未簽約」的「承擔」只是「已授權」,只要「唔講就唔存在」,一日未簽約一日都可以「吹住先」不用承擔履約責任,所以小薯只會放在心中,但不會在評估中考慮。

圖3-3 莎莎國際就其承擔的備註

28 承擔
購買物業、機器及設備之資本承擔

	2021年 港幣千元	2020年 港幣千元
已簽約但未撥備	**13,608**	14,594

資料來源:莎莎國際控股有限公司2020/2021年年報(第211頁)

用回莎莎的例子,公司有「已簽約但未撥備」承擔約1,400萬元購買設備的合約責任,上面提到即使把所有10.6億的負債清繳,還有1.7億元,足夠履行這個1,400萬元的合約責任。卓悅在2020年末並沒有「承擔」,老實說,現金都不夠用來還債和支付租金,還可以承諾些甚麼?

第三章 透視「起死回生股」及「成長股」的價值

長榮、挪威航空 誰更值博？

3.3

在本節完結之前，小薯給大家一項功課。以下有兩家航空公司的「承擔」和「流動資金風險」的資料，包括台灣的長榮航空（TW：2618）和挪威航空（Norwegian Air Shuttle ASA, OSLO：NAS）。大家都知道航空業於2020年受疫情嚴重打擊，假設這兩家公司都是優質公司，你想博公司疫後起死回生，你會選擇哪一間公司？

圖3-4 長榮航空披露公司流動資金風險（單位：千元新台幣）

	Carrying amount	Contractual cash flows	Within 1 year	1-5 years	Over 5 years
As of December 31, 2020					
Non-derivative financial liabilities					
Short-term and long-term borrowings (including current portion of long-term liabilities)	$ 107,674,362	111,524,341	16,071,174	69,591,490	25,861,677
Bonds payable	7,332,941	7,528,375	4,295,475	3,232,900	-
Lease liabilities and financial liabilities for hedging	93,452,920	102,740,724	14,134,937	51,132,020	37,473,767
Notes and accounts payable (including related parties)	3,013,512	3,013,512	3,013,512	-	-
Other payables (including related parties)	5,332,122	5,332,122	5,332,122	-	-
Liabilities related to non-current assets or disposal group classified as held for sale	1,142	1,142	1,142	-	-
Total	**$ 216,806,999**	**230,140,216**	**42,848,362**	**123,956,410**	**63,335,444**
As of December 31, 2019					
Non-derivative financial liabilities					
Short-term and long-term borrowings (including current portion of long-term liabilities)	$ 85,059,761	89,240,025	15,423,170	46,419,583	27,397,272
Bonds payable	14,825,180	15,185,325	10,889,850	4,295,475	-
Lease liabilities and financial liabilities for hedging	103,530,024	118,608,016	15,153,947	55,875,042	47,579,027
Notes and accounts payable (including related parties)	9,726,039	9,726,039	9,726,039	-	-
Other payables (including related parties)	7,703,853	7,703,853	7,703,853	-	-
Liabilities related to non-current assets or disposal group classified as held for sale	140,810	140,810	140,810	-	-
Subtotal	220,985,667	240,604,068	59,037,669	106,590,100	74,976,299
Derivative financial liabilities					
Convertible bonds with embedded derivatives	3,274	-	-	-	-
Forward exchange contracts for hedge purposes:					
Outflow	11,643	938,273	938,273	-	-
Inflow	-	(926,630)	(926,630)	-	-
Subtotal	11,643	11,643	11,643	-	-
Total	**$ 221,000,584**	**240,615,711**	**59,049,312**	**106,590,100**	**74,976,299**

資料來源：長榮航空2020年年報（第260頁）

圖 3-5 長榮航空討論承擔項目

(v) Construction commitment

In February 2017, EGAT, the consolidated subsidiary, entered into a contract with Ever Accord Construction Corp. amounting to $786,058 for the purpose of the construction of its engine factory. The amount of contract price was corrected to $813,750 due to changes of construction design in February 2020. As of December 31, 2020 and 2019, EGAT has partially paid the price of $813,750 and $746,755, respectively.

In October 2019, EGAT, the consolidated subsidiary, entered into a contract with Ever Accord Construction Corp. amounting to $370,700 for the purpose of the construction of its component repair shop. The amount of contract price was corrected to $634,719 due to the electromechanical system demand in May 2020. As of December 31, 2020 and 2019, EGAT has partially paid the price of $415,411 and $31,880, respectively.

資料來源：長榮航空2020年年報（第274頁）

圖 3-6 長榮航空討論承擔項目

(b) Significant commitments:

(i) In November 2015, the Company entered into aircraft purchase contracts with Boeing Company for eighteen Boeing 787-10 aircraft. In August 2020, the Company made amendments to the contracts and changed seven Boeing 787-10 aircraft (not yet delivered) into four Boeing 787-9 aircraft and three Boeing 777 freighters at a price of US$6,444,000. As of December 31, 2020, fourteen Boeing aircraft had not yet been delivered by Boeing Company. The Company has partially prepaid the price of $13,918,948, which was included in other non-current assets.

(ii) In November 2015, the Company entered into engine purchase contracts with General Electric Company for five Boeing 787 engines. In September 2020, the Company made amendments to the contracts and changed one Boeing 787 engine (not yet delivered) into one Boeing 777 engine at a price of US$139,110. As of December 31, 2020, two Boeing engines had not yet been delivered by General Electric Company. The Company has partially prepaid the price of $353,483, which was included in other non-current assets.

資料來源：長榮航空2020年年報（單位：千元新台幣）（第276頁）

圖3-7　挪威航空披露的流動資金風險（單位：百萬元撕威克朗）

The table below analyses the maturity profile of the Group's financial liabilities at the reporting date. The amounts disclosed are the contractual undiscounted cash flows:

NOK million	Less than 1 year	Between 1 and 2 years	Between 2 and 3 years	Over 3 years
At 31 December 2020				
Borrowings	26,085.2	-	-	-
Derivative contracts - payments	49.2	-	-	3.2
Trade and other payables	10,328.8	-	-	-
Lease liabilities	23,067.2	35.7	35.7	179.0
Total financial liabilities	59,530.4	35.7	35.7	182.2

NOK million	Less than 1 year	Between 1 and 2 years	Between 2 and 3 years	Over 3 years
At 31 December 2019				
Borrowings	4,544.1	4,665.4	2,920.8	15,603.3
Derivative contracts - payments	-	-	-	369.2
Trade and other payables	9,129.5	-	-	-
Lease liabilities	5,644.8	5,308.7	14,170.2	17,032.2
Calculated interest on borrowings	891.2	753.1	489.7	1,748.3
Total financial liabilities	20,209.6	10,727.2	17,580.7	34,753.0

資料來源：Norwegian Air Shuttle ASA 2020年年報（第33頁）

圖 3-8 挪威航空討論承擔項目（單位：百萬美元）

NOTE 28: COMMITMENTS

Norwegian has several aircraft purchase commitments from agreements entered into with Airbus. An overview of firm orders by expected year of delivery at 31 December 2020 is presented in the table below, along with the expected gross cash payments per year.

Aircraft delivery schedules are, however, subject to changes.

The final cash payments are also subject to changes in delivery and prepayment schedules, certain contingent discounts or other adjustments of the purchase price. Such adjustments include e.g. aircraft equipment which can be added or taken out from the order up until delivery. Therefore, the exact purchase price for each individual aircraft is not known until the time of delivery.

Number of aircraft	2021	2022	2023 until 2027	Total
Airbus 320neo	-	7	51	58
Airbus 321LR	-	-	30	30
Total commitments	-	7	81	88

USD million				
Total contractual commitments	-	20	4,350	4,370

In connection with the Irish examinership and Norwegian reconstruction processes, the Group repudiated its contracts with Airbus on the delivery of all 88 aircraft in February 2021.

The Group has not committed to other significant investments and has no plans to invest in any significant assets.

For details on commitments for aircraft leases, see Note 12.

資料來源：Norwegian Air Shuttle ASA 2020 年年報（第 65 頁）

第三章　透視「起死回生股」及「成長股」的價值

其他補充資料

長榮航空（以新台幣計算）

- 年末現金：408億

- 貨幣基金、股票及衍生合約：58億

- 自由現金流：2020年流出116億；2019年流入88億

- 未使用之借款額度：52億

挪威航空（以挪威克朗計算）

- 年末現金：26.6億

- 自由現金流：2020年流出377.74億（未有包括當年出售的有形資產27.74億）；2019年流出17.64億，未包括當年出售的有形資產69.7億）。未有計算出售有形資產的現金流入，主要是因為公司明顯為了還債而出售資產而非正常的業務淘汰。

- 未使用之借款額度：沒有

從結果論，長榮航空在2021年在貨運業的扶持下，頭9個月已有復蘇跡象，並有自由現金流入100億新台幣；相反挪威航空為

旗下兩家核心子公司申請破產保護，成為疫情以來受創最嚴重的歐洲航空公司。

最後，小薯想作一個小結，「起死回生」股要起死回生，把疼血清除，成功率未必高，所以大多數本身不會是優質公司。要能夠起死回生，你要先確保公司是「身體健壯」（即是優質公司，有產業競爭優勢和經濟基礎），患處是「局部可切除的腫瘤」（只是面對短期困難，打擊並未毀掉原本的經濟基礎），還要遇到「一位經驗豐富的醫生」（有能力的管理層），之後還要「追蹤治療過程」（評估管理層分析中提供的方案，並確保有效落實）。既然是那麼辛苦，為甚麼不直接在合理價格買入真正的優質股呢？

Thomas Cook 為何不能起死回生？

小薯以一間已破產的公司作為例子，看看起死回生股是否真的有機會起死回生。雖然有點事後孔明，但不失是一個好的反面教材。2019年9月，爆出兩單轟動全球的破產消息，一間是速食時裝品牌Forever 21，另外一間是英國老字號旅遊集團Thomas Cook，因過度借貸而陷入財困，正式破產。小薯與大家一起討論Thomas Cook的破產案例。

小薯參考了Thomas Cook 2018年年報內提及的8年財務狀況匯總，涵蓋2011至2018年，與大家分析集團的死因。不過，先戴頭盔，小薯只是從三張報表找出一些可能導致集團破產的表徵，並非其他有這些表徵的公司，也會走上破產結局。其次，小薯只看了三張報表共8年匯總簡表，沒有深入研究附註，只是單看這些表徵，小薯已經不會考慮投資這家公司。

利潤──營業額升　毛利率卻降？

圖3-9　Thomas Cook 過去八年利潤數據

	2018	Restated* 2017	2016	2015	2014	2013	2012	2011
Income Statement (£m)								
Statutory								
Revenue	9,584	9,006	7,810	7,834	8,588	9,315	9,195	9,809
Gross profit	1,933	1,990	1,820	1,772	1,866	2,020	2,031	2,098
Gross profit margin (%)	20.2%	22.1%	23.3%	22.6%	21.7%	21.7%	22.1%	21.4%
Profit/(loss) from operations	97	227	197	211	52	13	(170)	(267)
Interest	(150)	(184)	(163)	(169)	(168)	(177)	(168)	(135)
Profit/(loss) before taxation	(53)	43	34	50	(114)	(163)	(337)	(398)
Profit/(loss) for the financial year	(163)	9	1	19	(115)	(213)	(441)	(518)
Weighted average number of shares (millions)	1,533	1,536	1,530	1,487	1,440	1,196	872	858
Basic earnings per Ordinary Share (pence)	(10.6)	0.7	0.3	1.6	(8.2)	(17.1)	(67.2)	(60.7)

資料來源：Thomas Cook Group plc 2018年年報

1. 2010年起Thomas Cook的收入持續下降至2016年，到2017年有一個雙位數增幅的大躍進，至2018年仍有高單位數增幅，未免有些奇怪。不過單看2010年至2016年收入接年下挫，就應警覺公司的質素是否出現。

2. 同樣，2010至2016年毛利大致跟著營業額走，但奇怪的是2017年及2018年的營業額上升，毛利增幅較低甚至下降。

3. 2010年至2016年毛利率算是平穩地緩慢上升，但到了2017年及2018年時，營業額上升時，毛利率反而下跌，這意味生意是改為走低毛利或是低價促銷路線？

4. 經營溢利變幅遠較毛利及營業額變幅大，2010年至2015年更是呈反向走勢。通常一家公司的行政開支很大部份是固定開支，要減省不能一步到位。如果是減省宣傳費用，通常會導致收入減少。那跟2015年至2018年的情況有些出入。如果是需要透過減省開支以達到利潤增長，那就要研究減省成本的計劃會否影響公司業務，還是只是用來還息還債（可看到利息是拾級而上）。

5. 純利基本上是負數，一間沒錢賺的公司能生存嗎？當然也可能有很多折舊和攤銷等非現金支出，這就要跟現金流量表一起看。

資產負債表　反映資不抵債

圖3-10　Thomas Cook過去八年資產負債數據

	2018	Restated* 2017	2016	2015	2014	2013	2012	2011
Statement of financial position (£m)								
Total assets	6,569	6,605	6,943	5,958	5,794	6,285	5,907	6,690
Current assets	2,113	2,231	2,645	2,035	1,829	1,933	1,524	1,646
Current liabilities	(4,222)	(4,339)	(4,633)	(3,702)	(3,894)	(3,688)	(3,540)	(3,749)
Net pension deficit	(165)	(325)	(457)	(279)	(448)	(404)	(331)	(331)
Net assets	291	256	326	315	239	548	458	1,183
Net debt	(389)	(40)	(129)	(128)	(315)	(426)	(792)	(894)

資料來源：Thomas Cook Group plc 2018年年報

1. 資產負債比接近100%，即是公司資產幾近是由債務支持，高度槓桿。雖然另外一個可能就是太多現金回購，導致公司的權益不斷下降，這反而是好事，這可以從「權益變動表」印證。不過，公司在2015至2018年都沒有回購行動，而利潤表披露的加權平均股數也有上升趨勢，證明是有發新股。同時，再看上文第2至5點及與另外兩張報表互相驗證，小薯傾向相信是高度槓桿。

2. 流動負債長期高於流動資產，明顯是短期流動性風險很高。

3. 超過60%以上的資產是非流動資產，這些資產通常可變現能力都非常低，如果出現短期銀根短缺，隨時出現流動性風險。

4. 略看當年的資產負債表，有近70%的非流動資產（或是佔總資產的47%）是商譽！反映公司可能實際上是資不抵債，也可能是公司經常以高溢價買入資產，投資失效。

5. 流動負債佔總債務長期超過65%以上，意味公司主要以短債來支持長期投資，很大機會出現現金流錯配。

現金流量表　顯示以債還債

圖3-11　Thomas Cook 過去八年現金流數字

	2018	Restated* 2017	2016	2015	2014	2013	2012	2011
Statement of cash flows (£m)								
Operating cash flow	139	496	395	474	335	339	152	289
Investing activities	(203)	(199)	(200)	(180)	(78)	(182)	53	(178)
Financing activities	(281)	(175)	(360)	10	(278)	476	(74)	(82)
Exchange (losses)/gains	(16)	43	113	(35)	(52)	2	(19)	(3)
Net (decrease)/increase in cash and cash equivalents	(345)	122	(165)	304	(21)	633	131	28
Capex	210	206	206	200	156	151	138	187
Average number of employees	21,263	21,788	21,940	21,813	22,672	26,448	32,250	31,097

Note:
(1) See Note 33 for details of restatement.

資料來源：Thomas Cook 2018 年年報

現金流量表真的不能看簡表了！但礙於篇幅所限，有興趣的讀者可以自行參閱 Thomas Cook 歷年的財務報表，以下有幾個觀察：

1. 經營現金流的走勢與經營溢利走勢有很大的差異，需要深入了解有沒有操控利潤的可能。

2. 雖然有自由現金流入，但資本開支持續上升，相信是飛機配件逐漸老化，需要更換，而且時間愈久，相信未來開支只會愈來愈大。除非是換飛機，但一次性支出太大，公司未必能負擔。至後期資本開支才較平穩，不知是因財困而減少／延後開支，抑或是真能做到成本控制？但前者的話，又如何保證飛行安全？

3. 承上，資本開支持續上升，但經營現金流則跟經濟走，即是資本開支和經營現金流可能出現錯配，導致公司需要找其他資金來源，增加公司融資成本，這些自由現金流的質素不太好，而2018年正是出現了這個情況。

4. 沒有純利，加上美國上市公司不流行派息，同時股份數目不斷上升，反映公司沒有回購，融資現金流近年則長期負數，即是公司處於以債還債（即新的定期貸款償還舊的定期貸款）和利息，但自由現金流卻不足以用來還債，就會開始動用現金儲備。

綜合以上，Thomas Cook的死因要可能有以下數點：

- 流動負債太多，可能是基本的貿易應付款、預收款，但在要清還時卻沒有足夠的短期資產繳付，導致資金鏈斷裂而宣告破產。

- 用流動負債支援長期投資，現金流錯配可以引致短暫的現金流短缺。

- 資產主要是非流動資產，甚至是商譽，基本上只有很少資產可以在財困時變現還債。

- 自由現金流的質素不太好，一些稍大季節性的波動也可以隨時令公司資金鏈斷裂。

- 以這個資本及資產結構，要發新債以及引入新的股權投資者，相信是十分困難，成本也很高。

- 在2017年起的英國脫歐、油價上升只是導火線，過去持續偏弱的財務狀況才是主因。

另外，也有數點想跟大家分享：

- 公司很喜歡以單獨披露形式（Separately Disclosed Items）分開某些成本後，再評估利潤狀況，這只能說是管理層的伎倆，把某些成本包裝成一次性特殊成本，但不代表會消失，而每年都有這些一次性特殊成本，又是否真的「一次性」？

- 經營現金流的走勢與經營溢利走勢有很大的差異，不知道會否存在操控利潤，但要了解的實際經營情況就更難。

- 公司CEO有兩種人，一是營運者，一是資產分配者，很難兩者並存，因為所需技能不同，但此公司的CEO看來兩者都不是，營運者提振業績不力，也不能控制成本；另方面又高價投資，資本及資產結構失衡，資產分配也做得差。

- 以2018年末的情況，相信2019年會有很大的資產減值，特別是商譽，那就確定是資不抵債了！

圖3-12 Thomas Cook 2011至2019年破產前股價圖

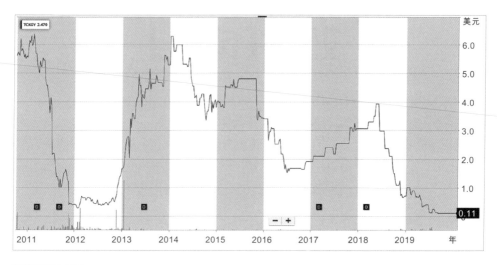

資料來源：Yahoo

現在從Thomas Cook股價總結，它雖是一間很出名的公司，但並非有名就沒有問題，投資要理性分析。如果2013年時，你覺得Thomas Cook會浴火重生便落注投資，到2014年公司處於低成交量時售出持股，那你算走了運，因為在數據上公司還未算起死回生，當時股價被炒上，多於真正重生，但如果你是等到2017年、2018年收入回歸「正常」才入股，結局可能是焦頭爛額。

業務質素決定公司如何「成長」

在疫情爆發後，美國聯儲局大開印鈔機後，成長股於2020年大受追捧，也令專注於破壞性創新的方舟投資（ARK Investment）「女股神」Catherine Wood於2020年「疫市」中有爆炸性回報，受一眾本地網民喜愛，被封為「連登契媽」。

在小薯眼中，「成長股」指的是那些具有盈利和擴張潛力的中小型公司，並有望從中小型公司成長為「行業龍頭」的公司。我們投資成長股的目的，就是期望它能從一棵小樹苗成長為千年神樹，我們則賺取過程中的價值增長。既然如此，我們的重點就是要發掘有成長潛力的公司，而評估的對象，不只是看過去的表現，更要看中未來的成長潛力。

如果衡量一家公司是否會有可觀成長，每個人都會有自己的標準，例如公司所處的行業前景、經營模式，專利技術，管理者的能力等。其實「成長股」的概念並不新鮮，成長型投資的表表者一定要數費雪，他的著作《非常潛力股》列出15個能決定長期成長潛力的重點：

1. 公司的產品和服務有否足夠的市場潛力，讓銷售大幅增長並

持續最少數年？公司的產品必須有大量的潛在顧客，並有持續性需求，可以擴展市場。

2. 管理層有沒有決心繼續發展新產品，令未來能持續讓收入增長？公司需要有足夠的研發經費和資本支出，讓公司能持續推出新產品，維持市場佔有率，讓收入增長。看看公司研發經費和資本支出對銷售的比例就可以略知一二。

3. 公司研究發展的效率如何？如果公司研究出來的產品有獨特性，就能以較高的價格出售，並最終反映在財務表現上。

4. 公司是否有高於平均水準的銷售團隊？如果公司產品有獨特性，其實不用推銷消費者也會自己送上門。又或者，對推出新產品，公司的銷售團隊如何推廣？宣傳質素如何？售後服務是否優質？

5. 公司的利潤率如何？股東要獲得價值，收入最終也要轉化成利潤才有用吧！大家看看第二章有關經營盈利能力比率內容就知道了！

6. 公司做了甚麼來維持或增加利潤率？公司是用甚麼方法增加利潤率？加價還是降低成本來達到利潤增長？

7. 公司的勞資關係好嗎？這會影響公司的生產效率。好的勞資關係能夠帶來更高的效率和成果、更好的公司產能和表現。大家看看公司的員工流轉率、員工薪資是否高於平均水準，

或者可以看看公司是否持續就同一個職位刊登招聘廣告就知道了。

8. 公司的管理層的關係如何？管理層之間的關係會影響到公司表現，看看新聞會否有權鬥的消息吧！

9. 公司管理階層的資歷如何？公司需要出色的管理層才能夠帶領公司成長，看看年報中的管理層履歷、管理層的採訪，大約可以有所了解。

10. 公司在成本控制和財務管理如何？這是影響利潤的一大因素，公司的財務報表的質素也會影響投資者對公司的評估。

11. 與其他競爭者相比，業務是否有護城河？

12. 公司有意捨棄短期利益以獲得較長期的前景嗎？

13. 可預見的時間裡，公司需要通過大量的股權融資才能達致成長，因而降低原有股東的權益嗎？這個問題下文會詳述。

14. 管理層是否不管公司順境或逆境，也會開誠佈公？小薯由《年報解密》到這本書，一直強調管理層誠實的重要性。

15. 公司管理階層的誠信值得信賴嗎？誠信是提升競爭力的來源，即使是難也要做，管理層值得信賴、守信用和可靠，投資者才有信心把資金交託管理層讓公司成長。

市場增長的不同模式

大家看到以上15個重點，大約知道評估的重心是對公司業務情況、業務前景和管理層的質素，財務數據則是用來驗證公司的成長是否達標。當各位了解到這三個因素後，你應該大約了解公司的增長模式：

1. **增量市場的有機增長：** 當我們研究成長股，我們會預期市場還未成熟，市場規模的天花板很高，還有很多的增長空間，即使市場的所有參與者市佔率不變，單靠市場的有機增長，就能以實現可觀增長。於美國上市、被喻為「小騰訊」的東南亞遊戲電商及電子支付的科網企業Sea Limited（US：SEA）、電動車生產商Tesla（US：TSLA）及比亞迪（HK：1211）就是其中例子。

2. **存量市場整合的有機增長**：有些市場可能已經成熟，但是市場有太多小型參與者，不太規範。當市場逐漸規範化，小型參與者就會慢慢被淘汰，大型玩家或龍頭公司就會代替小型玩家的市佔，變相即使市場已到天花板頂，在市場重整下，大型參與者或龍頭公司依然能透過加大市佔而得到增長。經營殯葬業務的福壽園（1448）和停車業務的首程控股（0697）就是一例。

3. **通過內部資源併購增長**：在公司成長過程中，併購有一種非常重要的方式。因為單靠自己開發市場需要花相當長的時間。通過合併，或者收購現有的市場參與者，就可以很快搶市場佔有率，實現增長。不過，併購方式的增長其實是存在非常大的風險，因為併購的成本比自己開發市場通常會較高，而且併購後要把兩家企業文化完全不同的公司整合起來也有難度，變相較難發揮協同效應（這是公司願意出高價收購，產生商譽的原因），未能達致預期的盈利能力。因此有很多公司在併購後出現水土不服，要把商譽作出減值，併購以失敗告終！如果公司以這種方式增長，我們就要看看公司能否成功整合被併購公司從而發揮協同效應，以併購作為增長動力的，福壽園亦是表表者。

4. **通過舉債或配股來實現增長**：以此方法擴張帶來的增長實在誘人，但卻很不實在，偏偏過去數年有不少以這個方式成長的公司。通過大量舉債或配股來籌集資金去搶市佔，但是市佔是搶來了，公司的業務卻遲遲未有盈利，甚至不能帶來經

營現金流。在此情況下，舉債帶來的沉重的利息和財務壓力最終可能會壓垮公司，最後要股東出手救亡。如果以配股資的方式擴張，但是沒有策略，配股股東不能協助公司帶來益處，則可能會損害原有股東的利益。因此，如果是以舉債擴張，就要看看公司能否產出足夠的現金流去承擔債務和利息；如果是以配股式擴張，就要確保配股股東對公司有策略性益處，為公司帶來的價值遠大於被攤薄的效果，做到有錢齊齊搵。以配股作為增長動力的，首程控股也是一例。

5. **依靠單一客戶或關連方帶來增長：**這個問題小薯在《年報解密》的第三章第3.10節提及過，如果公司的收入只靠單一或幾個主要客戶，當這些客戶的經營和需求出現問題，就會直接影響公司的增長甚至出現虧損。

6. **依靠單一產品帶來增長：**如果公司產品太過單一，收入完全依賴於一項產品的表現，這增長就會很脆弱。當產品遇到增長瓶頸位，或者產品出現問題，會對公司的增長帶來重大影響。例如：Sea Limited的遊戲業務收入主要是由《Free Fire —— 我要活下去》而來，一不小心遊戲被禁，定會影響公司的收入和增長。

以上6種的增長模式，最好是第一種和第二種的混合體，即是公司已有一個已經成熟的存量市場營運，正在穩定地搶佔其他市場參與者的市佔，令公司在增長的同時，也能投資增量市場，希望在市場搶佔一席位，成為新的爆發增長點。

因為公司本身所處於的市場，業務已發展成熟，不斷帶來現金流，而搶佔其他市場參與者的市佔只是其優勢的延續，只會加強公司從成熟業務中得到的現金流。在此支援下，公司就有能力試錯，利用成熟業務的現金流投入新市場「創業」。因為新業務發展初期基本上是投資期，有大量的現金流出。如果沒有成熟業務的現金流支持，就會變成上述第4種舉債或配股的增長模式，不只「創業」失敗機率大增，甚至大大增加風險。「創業」不是要賭大細，賭身家，而是要計數，即使賭輸了也不致於流落街頭收場。這也跟我們投資一樣，不是要 All in 一注獨贏，打死罷就；而是作出資產配置，後防公司供提供大量的股息現金流，支援我們投資於成長型公司。

那我們如何知道公司有上一節提到的第一種（增量市場的有機增長）及第二種（存量市場整合的有機增長）混合增長模式？那就得回到本書討論「分部業績」的章節內容（第64頁）。以下是一些例子：

圖 3-13　Sea Limited 之分部業績

Segment Reporting

　　We have three reportable segments, namely, digital entertainment, e-commerce and digital financial services. The chief operating decision maker reviews the performance of each segment based on revenue and certain key operating metrics of the operations and uses these results for the purposes of allocating resources to and evaluating the financial performance of each segment.

Information about segments during the years ended December 31, 2018, 2019 and 2020 presented were as follows:

	Digital Entertainment	E-commerce	For the Year ended December 31, 2020 Digital Financial Services	Other Services[1]	Unallocated expenses[2]	Consolidated
			(US$ thousands)			
Revenue	2,015,972	2,167,149	60,785	131,758	–	4,375,664
Operating income (loss)	1,016,793	(1,442,593)	(520,075)	(49,006)	(308,444)	(1,303,325)
Non-operating loss, net						(179,913)
Income tax expense						(141,640)
Share of results of equity investees						721
Net loss						(1,624,157)

資料來源：Sea Limited 2020 年 10-K 報表（第 F-77 頁）

圖3-14 阿里巴巴之分部業績

26. 分部信息

本公司列報的分部信息已抵銷內部往來交易。一般而言，收入、營業成本及運營費用直接歸屬於或分攤至各分部。對於不直接歸屬於特定分部的成本和費用（例如以提供支持多個不同分部的基礎設施的成本和費用），本公司則視乎其性質，主要根據用途、收入或人數將其分攤至不同分部。由於首席經營決策者並未使用資產資料評估分部的表現，故本公司並未將資產分攤至不同分部。

截至2019年、2020年及2021年3月31日止年度，各分部收入、經營利潤及經調整息稅和攤銷前利潤（「經調整EBITA」）（視為一項分部經營業績指標）的概要如下：

	核心商業	雲計算	數字媒體及娛樂(i)	創新業務及其他(i)	分部總計	未分攤(ii)	合併
				截至2019年3月31日止年度			
				（人民幣百萬元，百分比除外）			
收入	323,400	24,702	24,286	4,456	376,844	–	376,844
經營利潤（虧損）	109,312	(5,508)	(20,523)	(11,318)	71,963	(14,879)	57,084
加：股權激勵費用	17,694	4,332	3,035	5,727	30,788	6,703	37,491
加：無形資產攤銷	9,161	18	1,262	50	10,491	236	10,727
加：美國聯邦集體訴訟和解相關費用	–	–	–	–	–	1,679	1,679
經調整EBITA(iii)	136,167	(1,158)	(16,226)	(5,541)	113,242	(6,261)	
經調整EBITA利潤率(iv)	42%	(5)%	(67)%	(124)%			

資料來源：阿里巴巴集團控股有限公司2020/21年年報

圖3-15 比亞迪之分部業績

Year ended 31 December 2020 截至二零二零年 十二月三十一日止年度		Rechargeable batteries and photovoltaic products 二次充電電池及光伏產品 RMB'000 人民幣千元	Mobile handset components, assembly service and other products 手機部件、組裝及其他產品 RMB'000 人民幣千元	Automobiles and related products, and other products 汽車、汽車相關產品及其他產品 RMB'000 人民幣千元	Corporate and others 企業及其他 RMB'000 人民幣千元	Total 合計 RMB'000 人民幣千元
Segment revenue (note 5)	**分部收入**（附註5）					
Sales to external customers	向外界客戶銷售	11,704,632	59,354,468	81,957,889	452,195	153,469,184
Intersegment sales	各分部間的銷售	10,384,321	14,844,929	2,186,889	–	27,416,139
Others including other income from sales of scrap materials, lease and others	其他（包括來自出售廢料、租賃等的其他收入）	362,217	356,288	254,445	1,142	974,092
Taxes and surcharges	稅金及附加費	20,679	332,211	1,780,991	20,534	2,154,415
		22,471,849	74,887,896	86,180,214	473,871	184,013,830
Reconciliation:	對賬：					
Elimination of intersegment sales	各分部間的銷售撇銷					(27,416,139)
Elimination of other gross income	其他總收入撇銷					(974,092)
Elimination of taxes and surcharges	稅金及附加費撇銷					(2,154,415)
Revenue – sales to external customers	收入－向外界客戶銷售					153,469,184
Segment results	**分部業績**	809,900	6,260,670	2,906,979	1,410	9,978,959
Reconciliation:	對賬：					
Elimination of intersegment results	各分部間的業績撇銷					(910,416)
Interest income	利息收入					214,613
Dividend income and unallocated gains	股息收入及未分配收益					2,190,437
Corporate and other unallocated expenses	企業及其他未分配開支					(1,523,627)
Finance costs (other than interest on lease liabilities)	融資成本（不包括租賃負債利息）					(3,067,379)
Profit before tax	除稅前溢利					6,882,587

資料來源：比亞迪股份有限公司2020年年報

大家看到以上阿里巴巴及比亞迪的「分部業績」，可以見到每間公司都至少有一項業務是有盈利，並投資於另外一項業務。Sea Limited的手遊業務支持電商和電子支付發展，已成為東南亞第

一大電商；阿里巴巴的電商業務讓雲業務得以發展，目前已成為中國第一大雲業務供應商並開始盈利；比亞迪的手機部件、組裝及其他產品業務，則支持著汽車、汽車相關產品及其他產品，目前已成為世界主要的電動車參與者，並已有多年盈利。

當然，小薯不是說沒有「增量市場的有機增長」及「存量市場整合的有機增長」模式的公司就不行，例如 Tesla、拼多多目前仍相當成功。可是，「創業」需要燒錢一段時間，還伴隨著風險。如果你是用股權投資的形式入股公司，你要希望：1）公司很快會達到收支平衡，不需要再配股集資，因為配股意味著你的權益被攤薄；2）如果在燒錢階段，即使配股集資，你會希望公司價值已有提升，出現新增價值大於你被攤薄的影響，否則你只能寄望有更傻的人，去接手你那批沒有價值的股票；及3）如果在燒錢階段時公司利用發債融資，那股權投資者的風險就會上升，因為除了公司的業務風險，還要承受槓桿風險，這時你也要了解公司的流動性風險。

小米現金流成熟
造車「創業」萬事俱備

小薯再以小米（1810）做例子。小米在2021年3月宣佈，公司董事會批准智能電動汽車業務立項，由雷軍親自領軍，並擬成立全資子公司，負責智能電動汽車業務。小米電動車首期投資為100億元人民幣，預計未來10年小米智能電動車投資額100億美元（約657億人民幣）。大家都知造車很難，需要投入很大的資本，雷軍有甚麼底氣可以有這樣的豪情壯志再「創業」？

圖3-16 小米之分部業績

截至2020年及2019年12月31日止年度的分部業績如下：

	截至2020年12月31日止年度				
		IoT與生活			
	智能手機	消費產品	互聯網服務	其他	總計
	人民幣千元	人民幣千元	人民幣千元	人民幣千元	人民幣千元
分部收入	152,190,891	67,410,453	23,755,285	2,509,004	245,865,633
銷售成本	(138,986,944)	(58,804,839)	(9,111,002)	(2,210,986)	(209,113,771)
毛利	13,203,947	8,605,614	14,644,283	298,018	36,751,862

資料來源：小米集團2020年年報

第三章　透視「起死回生股」及「成長股」的價值

圖3-17 小米披露的流動資金風險

資料來源：小米集團2020年年報

3.1 金融風險因素（續）

(c) 流動資金風險（續）

	不足一年 人民幣千元	一至兩年 人民幣千元	兩至五年 人民幣千元	五年以上 人民幣千元	總計 人民幣千元
本集團					
2020年12月31日					
借款	7,488,113	1,226,928	2,391,847	10,635,713	21,742,601
貿易應付款項	72,198,856	—	—	—	72,198,856
其他應付款項	9,731,586	—	—	—	9,731,586
租賃負債	418,984	254,025	255,581	67,290	995,880
基金投資者負債	—	—	—	9,364,533	9,364,533
資產負債表外					
擔保負債	1,468,521	—	—	—	1,468,521

小米（2020年）

- 未來一年內要付約913億元人民幣（下同），第二年要付約14億元。

- 913億元一年內需要的支付的金額中，有75億元是銀行借款等帶息負債。其他約819億元是應付帳款，即是可以通過應付帳款還款時間去管理風險。

- 參考公司的財務狀況表，公司在年末時只得約1,310億元現金或投資物。

- 2020年公司的自由現金流入約184億元，2019年也有約198億元自由現金流入。

從以上資料，再計計償債能力比率，大家約略知道公司的流動性暫時沒有重大問題，不會因為「創業」而令公司陷入困境。其次，公司的數項業務已經有盈利，公司整體也有自由現金流，意味公司有成熟業務的現金流支持「創業」，即使失敗，最多是輸掉投資額，未必會動搖公司的根基。當然，100億美元的10年「創業」計劃，對小米也是一場豪賭，未必是All In一注獨贏，可是，成熟業務的現金流加上較低的流動性風險，構成了雷軍財務上的底氣，才有這個豪情壯志再「創業」。

最後，小薯想在這裡作一個小結，正因為「創業」的不確定性會較已成熟的公司為大，業務的變化也會較已成熟的公司大，因此「成長股」評估的側重點多是質性分析，對公司業務情況、業務前景和管理層質素的評估。同時，在大量不確定性下，我們要盡可能減低投資「成長股」的不確定性，確定公司有能力持續「創業」，自行解決期間的財務困境，而作為投資者的我們，就要作出合適的資產配置，利用後防公司供提供大量的股息現金流，支援我們投資於成長型公司。

第三章　透視「起死回生股」及「成長股」的價值

巨企不同業務
的估值

小薯不斷苦口婆心，說要了解公司的業務，就要了解公司的競爭環境。因為作為智慧型投資者，我們必須深切了解公司的業務和經營環境，制定投資策略，不會因為股價的一時上落，輕率作決定。

當我們認為一間公司值得投資後，進一步就可以為公司估值，包括找尋合適的估值工具。估值方法其實有很多，每一個行業應該要用上不同的估值工具。

小薯在《年報解密》中第六章「估值工具大拆解」中，討論以盈利出發的估值乘數，包括：市盈率（Price to Earnings ratio / PE）、市盈率相對盈利增長比率（PE to Growth ratio / PEG）、企業價值乘數（EV / EBITDA），以及以帳目價出發的估值乘數常見的有以下兩種，包括：市帳率（Price to Book ratio / PB）、市價相對每股重估資產淨值（Price to Revalued Net Asset ratio），並且示範利用這些工具為金沙（1928）、金界（3918）及銀娛（0027）等上市公司估值，大家有興趣可以一看。

今次小薯分享實際估值上的思路，在此介紹一項估值工具——部分總和估值(Sum of the Parts, SOTP)。SOTP是將一間公司拆解成不同的業務部門，為每個業務部門作出獨立價值評估，最後將每個業務部門的獨立價值匯總起來，得出一個單一的企業價值（Enterprise Value, EV）。得出EV之後，我們就可以計算公司的股權價值。

關於企業價值和股權價值，小薯在《年報解密》中也有討論，簡單來說，企業價值就是你買起整家公司，有權利且徹底得到這家公司所有的現金流而不需分給別人的代價；而股權價值（即合理市值）＝企業價值－少數股東權益－淨負債（即帶息負債＋未發股息－銀行結存）。

SOTP 估值可運用在由不同業務部門組成的公司的估值上。因為估值方法因行業而異，要取決於收入和盈利的性質。當一家公司由不同行業的業務部門組成，較理想的做法就是將它們當成獨立公司，運用合適的估值方法，之後加總，得出公司的整體價值。同時，SOTP 估值也可以幫助投資者公司了解的真實價值，了解公司哪個部門提供較多的價值。

當然，原則上也是可以用預測市盈率等估值工具，將公司作為單一體做估值，這樣也許較為簡單，但準確度會較低，這就是取捨的問題。初學者如果不熟悉估值工具的特性，與其瞎子摸象，小薯建議先用基本、有信心的估值工具比亂用或錯用工具，甚至只看股價亂估為佳，但要不斷學習，理解不同估值工具的用途和背後意義，學懂價值的真諦。關於估值工具，另一位知名財經博客鍾記著作《選股與估值——價值投資的得勝之道》也有詳細研究，值得參考。

巨企例一：騰訊
從異動推算業務價值

4.1

圖4-1　騰訊資產總值

	附註	未經審核 二零二一年 九月三十日 人民幣百萬元	經審核 二零二零年 十二月三十一日 人民幣百萬元
資產			
非流動資產			
物業、設備及器材		59,779	59,843
土地使用權		16,153	16,091
使用權資產		14,917	12,929
在建工程		5,435	4,939
投資物業		531	583
無形資產		180,574	159,437
於聯營公司的投資	8	369,441	297,609
於合營公司的投資		6,790	7,649
以公允價值計量且其變動計入 　損益的金融資產	9	193,931	165,944
以公允價值計量且其變動計入 　其他全面收益的金融資產	10	243,940	213,091
預付款項、按金及其他資產		36,288	24,630
其他金融資產		549	4
遞延所得稅資產		24,566	21,348
定期存款		36,969	31,681
		1,189,863	1,015,778
流動資產			
存貨		2,735	814
應收賬款	11	53,837	44,981
預付款項、按金及其他資產		63,932	40,321
其他金融資產		1,392	1,133
以公允價值計量且其變動計入 　損益的金融資產	9	13,768	6,593
定期存款		68,578	68,487
受限制現金		2,606	2,520
現金及現金等價物		170,873	152,798
		377,721	317,647
資產總額		1,567,584	1,333,425

資料來源：騰訊控股有限公司2021年第三季業績

圖4-2　騰訊分部收入

	增值服務 人民幣百萬元	網絡廣告 人民幣百萬元	未經審核 截至二零二一年九月三十日止三個月 金融科技及 企業服務 人民幣百萬元	其他 人民幣百萬元	合計 人民幣百萬元
分部收入	75,203	22,495	43,317	1,353	142,368
毛利	39,859	10,444	12,362	82	62,747
收入成本					
折舊	1,429	1,300	2,590	26	5,345
攤銷	4,574	2,094	18	346	7,032

資料來源：騰訊控股有限公司2021年第三季業績

圖4-1是騰訊的「截至二零二一年九月三十日止三個月及九個
月業績」公告（「第三季業績公告」）。小薯曾在2021年6月7日
發佈《食雞的騰訊，香港品牌維他奶，名不符實！》網文，通過
2021年第一季季報跟大家分享，以資產佔比來說，騰訊本質上
是投資控股公司，而不是單純的遊戲及金融科技公司。

圖4-3 騰訊資產總值（百萬元人民幣）

	非流動資產	流動資產	總額	佔總資產百分比
於聯營公司的投資	369,441	－－	369,441	23.6%
於合營公司的投資	6,790	－－	6,790	0.4%
以公允價值計量且其變動計入損益的金融資產	193,931	13,768	207,699	13.2%
以公允價值計量且其變動計入其他全面收益的金融資產	243,940	－－	243,940	15.6%
定期存款	36,969	68,578	105,547	6.7%
受限制現金	－－	2,606	2,606	0.2%
現金及現金等價物	－－	170,873	170,873	10.9%
其他資產	338,792	121,896	460,688	29.4%
總值	1,189,863	377,721	1,567,584	100.0%

資料來源：騰訊控股有限公司2021年第三季業績

這個情況，到第三季依然沒變，圖4-3是小薯為大家簡單分類騰訊截2021年9月30日的資產，騰訊總資產15,676億元人民幣，當中股權投資及現金（除了其他資產部分外），佔總資產整整70.6%。如果大家不明白圖4-3首四個項目，請大家參考《年報解密》的附錄。

看騰訊的「分部業績」，以收入及利潤來說，騰訊的確是遊戲及金融科技公司，其實，騰訊亦是以這兩項的現金流，為騰訊開發新業務作長期投資，特點是一個較為穩健的成長方式。因為騰訊投資的方法主要是股權投資，讓被投資方的管理層直接營運，這個模式與巴郡類似，所以，有說騰訊是中國的科技界巴郡亦不為過。

正因為以上的營運模式，小薯做估值時，就會把騰訊分開投資控股的價值和核心業務價值（即遊戲及金融科技的業務價值）兩個部分。

先談投資控股的價值。我們要理解一件事，上表的聯營和合營公司的投資，需要根據會計準則規定以權益法入帳，而不是以公允價值入帳。另外，以公允價值計量且其變動計入損益的金融資產的非上市企業，雖然是以公允價值入帳，但這裡有多少高估或低估，小薯不知道，但以騰訊的取態，傾向低估的機會較大。不過，騰訊也有在第三季業績公告披露其已上市的聯營公司公允價值。根據第三季業績公告的披露，我們可以大約計算騰訊之投資控股的價值，明細如下：

圖4-4 騰訊股權投資價值明細（單位：億元人民幣）

	上市企業（公允值）	非上市企業（成本）	理財投資及其他（公允值）	現金（公允值）	總額	賬面值	沒有反映在資產負債表的價值
於聯營公司的投資	8,214[1]	1,260[1]	－ －	－ －	9,474[1]	3,694	5,780
於合營公司的投資	1,247[3]	－ －	－ －	－ －	1,247[3]	68	1,179
以公允價值計量且其變動計入損益的金融資產	223	1,608	246	－ －	2,077[3]	2,077	－ －
以公允價值計量且其變動計入其他全面收益的金融資產	2,282	157	－ －	－ －	2,439[3]	2,439	－ －
股權投資價值	11,966[2]	3,025	246	－ －	15,237	8,279	6,958

資料來源：騰訊控股有限公司2021年第三季業績

1. 在第三季業績公告內的附註8透露：「於聯營公司的投資（由直接及間接持有的上市股權權益構成）的公允價值為人民幣9,474億元」。公告沒有把聯營公司的投資之公允價值分拆開上市和非上市計算，而雖然附註8內「聯營公司的非上市企業投資」的1,260億元是以權益法計算的成本值入帳，但我們就簡化假設其非上市企業投資沒有任何增長，而所有聯營公司的投資的公允價值增長，均由上市企業投資而來，由此推測，上市企業部份的公允值為8,214億元（9,474億－1,260億）（見圖4-4註1）。

2. 在第三季業績公告內的附註9及附註10，公司分別計算「以公允價值計量且其變動計入損益的金融資產」及「以公允價值計量且其變動計入其他全面收益的金融資產」。這兩個項目已是以公允價值在帳面列示。

3. 公司在第三季業績公告內，沒有披露「於合營公司的投資」的分類和公允價值，不過，在第三季業績公告的第17頁披露：「於二零二一年九月三十日，我們的上市投資公司（不包括附屬公司）權益的公允價值為人民幣11,966億元」，由此，我們倒推「於合營公司的投資」的公允價值為1,247億元（假設全部合營公司均為上市企業）（見圖4-4註2）。

由以上披露可見，我們大約可以推斷，公司持有的15,237億元投資控股價值，當中有約6,958億元的資產並沒有反映在資產負債表上。其實，在2022年1月初，騰訊接連為聯營公司京東

和Sea Limited 有減持的動作，其中以京東股票作股息做實物分派，另減持2.6%的Sea Limited 股權，也是逐步將聯營公司的投資的價值釋放出來。

再談騰訊之核心業務價值的價值。我們參考騰訊的第三季業績公告，我們先大約計算騰訊從「遊戲及金融科技」業務得來的盈利：

圖4-5 騰訊遊戲及金融科技業務盈利

	(單位：百萬元人民幣)
期內盈利	132,105
減：	
其他收益淨額：	
於投資公司、商譽及收購產生的其他無形資產的減值撥備	(9,811)
處置及視同處置投資公司的收益淨額	27,522
以公允價值計量且其變動計入損益的金融資產的公允價值收益淨額	37,949
補貼及退稅	6,881
小計：	62,541
分佔聯營公司及合營公司虧損	(8,177)
「遊戲及金融科技」業務盈利	77,741

資料來源：騰訊控股有限公司2021年第三季業績

第四章 巨企不同業務的估值

要得出這個數字，可以將公司期內盈利1,321億元，扣除由股權投資而來的「分佔聯營公司及合營公司虧損」及「其他收益淨額」中某些項目，後者見公告內附註3，包括「於投資公司、商譽及收購產生的其他無形資產的減值撥備」、「處置及視同處置投資公司的收益淨額」、「以公允價值計量且其變動計入損益的金融資產的公允價值」，而「補貼及退稅」亦因是非經營性收入，也需被剔除。由此計算，騰訊從「遊戲及金融科技」業務得來的盈利為777億元，簡單年化，就是777億元×4/3＝1,036億元。

我們重溫一下：股權價值＝企業價值－少數股東權益－淨負債（即帶息負債＋未發股息－銀行結存）。

在第三季業績公告的第17頁，騰訊為我們算出淨負債的金額為261億元，而少數股東權益（即是非控制性權益）在資產負債表顯示則是748億元。第三季業績公告沒有披露於2021年9月30日的已發行普通股的數目，我們惟有取附註6(a)所披露、截至2021年3月30日止三個月已發行普通股的加權平均數95.36億股計算。

我們掌握了公司業務的一些估值數字，當股價受外圍因素刺激而有上落時，我們可思考對公司價值的影響：

1. 2021年8月3日，新華網報導，將網絡遊戲比作新型「毒品」、是精神鴉片，還點名騰訊旗下遊戲《王者榮耀》。報導一出，港股遊戲板塊全線重挫。當天港股騰訊收報446元，

較前一個交易日下跌6.1%，總市值約446元×95.36億股 ＝42,531億港元（折合約34,861億元人民幣），這就是當天市場給予的股權價值，那我們就可以倒推出當天的企業價值，就是34,861億元＋261億元＋748億元＝35,870億元，即是市場給予騰訊的投資控股的價值和核心業務價值的總和。

上文我們計算了騰訊投資控股的價值為15,237億元，那代表市場給予騰訊核心業務的價值理論上是35,870億元－15,237億元＝20,633億元。

同時，也意味著遊戲及金融科技的業務價值的市盈率＝20,633億元／1,036億元＝20x。

2. 2022年1月12日，市傳騰訊擬以約26億至27億元人民幣（相當於31.8至33億港元）收購小米（1810）旗下遊戲手機公司黑鯊科技，以發展VR硬件設備，市場將之提升為元宇宙概念。當天股價收報481元，較前一個交易日上升4.5%，照辦煮碗，我們就會得出當天市場給予騰訊的遊戲及金融科技的業務價值的市盈率＝23,487億元／1,036億元＝23x。

以上計算因為報表和股價的時點不同，未必是最準確，不過重點是：在2021年8月3日和2022年1月12日這兩天，騰訊的遊戲及金融科技的業務有沒有顯著變化？如果騰訊的遊戲真的被指是「精神鴉片」要被取締，公司的遊戲業務出現本質的變化，

那為何2022年1月12日的市盈率會有提升？如果沒有變化，那2021年8月3日是否不應該告跌？

其實，當我們面對這些市場消息時，應該多加思考，究竟騰訊遊戲及金融科技的業務是值多少市盈率？當市場有任何消息時，作為價值投資者，不應該跟著消息走，而是冷靜判斷，就好像騰訊這個例子，我們大約計算了市場給予騰訊遊戲及金融科技的業務的市盈率，那就可以進一步思考，如果再用市盈率相對盈利增長比率（PEG）評估騰訊的價值，那騰訊遊戲及金融科技業務的盈利，在2022年能否有23%或以上的增長？當經過思考評估後，就可以作出最合理的投資決策。

那我們是否可以用較簡單的估值工具去做估值？當然可以！原則上也是可以用市盈率或預測市盈率等估值工具，將騰訊作為單一體做估值，這樣也許較為簡單。2021年8月3日及2022年1月12日兩天，騰訊的市值分別為42,531億港元（折合約34,861億元人民幣）及45,868億港元（折合約37,597億元人民幣），而騰訊截至二零二一年九月三十日止九個月業績的期內歸屬於公司擁有人之盈利為1,299億元人民幣，簡單年化1,732億元人民幣，那我們可以計算，2021年8月3日及2022年1月12日的市盈率（市值／期內盈利）分別為20x（34,861億元人民幣／1,732億元人民幣）及22x（37,597億元人民幣／1,732億元人民幣）。

圖4-6 騰訊遊戲及金融業務和集團單一市盈率

		2021/8/3	2022/1/12
A	股價收報 (港元)	446	481
B	已發行普通股的加權平均數 (億股)	95.36	95.36
C	股權價值 (億元人民幣)*	34,861	37,597
D	淨負債 (億元人民幣)	261	261
E	非控制性權益 (億元人民幣)	748	748
F	企業價值 (億元人民幣) (C+D+E)	35,870	38,606
G	投資控股價值	15,237	15,237
H	核心業務 (遊戲及金融科技) 價值 (F-G)	20,633	23,369
I	遊戲及金融科技的業務盈利年化	1,036	1,036
	遊戲及金融科技的業務價值的市盈率 (倍) (H/I)	20	23
K	騰訊歸屬於擁有人之盈利年化	1,732	1,732
	騰訊單一市盈率 (倍) (C/K)	20	22

資料來源：騰訊2021年第三季業績、港交所

*註：以1.22港元兌人民幣1元換算

結果好像不是差很遠，可是上述K行計算出來的市盈率其實是反映投資控股的收益和核心業務的收益兩者總和的價值。另一邊廂，如果清楚了解騰訊的兩大業務，利用「部分總和估值」估值，更能對準問題的核心，評估的準確度會也提高，投資勝率也會相應提高。

第四章　巨企不同業務的估值

巨企例二：阿里巴巴
四大業務估值

我們再進一步以阿里巴巴作例子，估值上它更複雜，但更能反映了解公司的業務和經營環境，在評估公司價值時的重要性。如前文討論過阿里巴巴的業務繁多，包括雲業務、數字媒體及娛樂（即是阿里影業和優酷）、創新業務及其他（當中估計有阿里健康）、商業分部。當中商業分部又包含了中國零售商業（淘寶、天貓）、中國批發商業（1688.com）、跨境及全球零售商業（東南亞電商平台Lazada）與跨境及全球批發商業（Alibaba.com）、物流服務（菜鳥）、本地生活服務（餓了麼）及其他運營的平台及業務。屈指一算，阿里巴巴已有10大業務領域。不過，從業務性質上看，基本上劃分為四大板塊：一）商業及創新業務；二）數字媒體及娛樂；三）雲業務；及四）其他再加上阿里巴巴佔33%之螞蟻金服的權益。

小薯在阿里巴巴公佈了半年業績後，在Patreon分享了阿里巴巴的估值。公司股價由2020年跌到2021年，跌到全港人都對公司「巴巴聲」，小薯刻意沒有直接計算估值，因為無論如何計算，阿里巴巴都是平，相反執筆時（2021年12月）人人趨之若鶩的同業美股，如Sea Limited、Spotify，怎計也是貴。其實，重點是你會否相信市場給予阿里巴巴的價值。

同樣，大家見到阿里巴巴有四大業務板塊，就知道可以再運用 SOTP 估值法，估算阿里巴巴的業務價值，倒推市場給予阿里巴巴電商業務甚麼估值，兩者有何關聯。

雲業務

雲業務方面，市場上有兩間較大的中國雲業務上市公司，一間是金山雲（US: KC），另一間是金蝶國際（0268）。截至 2022 年 1 月 21 日執筆時：

於美國上市的金山雲，市值約 29.05 億美元，折約 227 億港元；

金蝶國際於香港上市，市值約 821 億港元。

我們再看看金山雲、金蝶國際和阿里巴巴三家公司的雲業務財務數據：

- 金山雲 2020 年全年收入約 65.8 億元人民幣，管理層披露的經調整 EBITDA 則為虧損 1.2 億元人民幣，而截至 2021 年 9 月 30 日止九個月的收入也約 64 億元人民幣，經調整 EBITDA 則為虧損 2.4 億元人民幣，到現在還是負數。

- 金蝶國際則有兩項業務，分別是雲業務和企業資源管理計劃業務（ERP）業務，雲業務 2020 年收入為 19.12 億元人民幣，經調整 EBITDA〔經營（虧損）／盈利＋折舊及攤銷＋商譽的減值計提（如有）＋金融資產和合同資產的淨減值損失＋以

股份為基礎的支付〕為虧損2.2億元人民幣；ERP業務收入則為14.44億元人民幣，經調整EBITDA是4.7億元人民幣。

而截至2021年6月30日止六個月的雲業務及ERP業務收入分別約12.4億元人民幣及6.3億元人民幣，雲業務經調整EBITDA虧損2.3億元人民幣，而ERP業務經調整EBITDA則是1.6億元人民幣。

- 阿里巴巴截至2021年9月30日止六個月的雲計算業務半年收入361億元人民幣，經調整EBITA是7.4億元人民幣（此金額並未加回折舊，否則金額會更大），當中包含仍在虧損的「釘釘」。

即使小薯不把金蝶國際的市值拆開雲業務和ERP業務，全部當成雲業務的市值。相信從收入和EBITA的角度看，阿里雲的估值總不會少於金山雲和金蝶國際的市值吧！那我們就簡單取金山雲和金蝶國際市值平均數，即227億港元＋821億港元）/ 2 = 524億港元，當成阿里雲的估值。

數字媒體及娛樂

這個分部包含了阿里影業和優酷。於小薯於2022年1月21日執筆時：

- 阿里影業於香港上市，市值約228億港元，阿里巴巴佔51%，即大約116億港元；

- 阿里巴巴全資持有的優酷市值54億美元，折約421億港元；

- 兩者合計，分部市值537億港元。

其他

當中包括於香港上市的阿里健康，於2022年1月21日執筆時，市值約941億港元，阿里巴巴佔63.74%，即大約600億港元。

螞蟻集團的權益

阿里巴巴佔33%的螞蟻集團權益，是以權益法計算，於2021年9月30日，以權益法核算的投資為2,145.4億人民幣。我們以外間的分析資料作參考，例如內地新經濟智庫長城戰略諮詢聯同天津市科學技術局，於2021年4月26日發佈的《中國獨角獸企業研究報告2021》，指螞蟻集團於2020年年底的估值高達1,500億美元。於2021年5月，有分析師將螞蟻集團的估值為290億至1,150億美元。

另一邊廂，在同年9月，有報道指富達投資把螞蟻集團估值降低至670億美元，而6月底的估值則為780億美元，較螞蟻集團2020年11月初上市前夕估值的2,350億美元大跌逾七成。

先不管這些大行資料對與錯，但小薯認為290億美元的估值太離譜，那不如直接取富達投資最新估值的670億美元，即4,274.6億人民幣，而阿里巴巴佔33%，即約1,410.6億人民幣。

第四章　巨企不同業務的估值

其實，以權益法計算的投資項目應該不止螞蟻集團，但小薯不知道還有哪些投資項目，那只好直接撇帳處理，那以權益法核算的投資價值就只餘下佔33%的螞蟻集團權益，即是1,410.6億人民幣（折算1,721億港元）。

商業及創新業務

這包括於中國零售商業（即淘寶、天貓）、中國批發商業（即1688.com）、跨境及全球零售商業（即Lazada等外國電商）與跨境及全球批發商業（即Alibaba.com）、物流服務（即菜鳥）、本地生活服務（即餓了麼）及其他運營的平台及業務。

創新業務則包括高德、天貓精靈智能音箱等這些有的沒的新服務和新產品。我們就把商業及創新業務結合計算，因為我們沒有太多資料去計算創新業務的業務價值。

現在，我們就倒推阿里巴巴的電商業務及創新業務，市場給予了什麼估值。小薯於2022年1月21日執筆時，阿里巴巴市值為28,520億港元，折約23,377億元人民幣。

之後我們參考阿里巴巴截至2021年9月30日止六個月的半年業績，就可以計算阿里巴巴的企業價值〔股權價值＝企業價值－少數股東權益－淨負債（即帶息負債＋未發股息－銀行結存）〕，具體計算如下：

圖4-7 阿里巴巴企業價值

		百萬元人民幣
	阿里巴巴股權價值	2,337,700
加：	非普通股股東的權益	
	夾層權益	10,394
	非控制性權益	135,099
	小計	145,493
加：	負債	
	短期銀行借款	9,152
	短期無擔保優先票據	9,694
	長期銀行借款	36,930
	長期無擔保優先票據	95,977
	小計	151,753
減：	現金及現金等特價物	
	現金及現金等價物	272,206
	短期投資	171,222
	受限制現金及應收託管資金	39,013
		482,441
減：	非經營性業務投資	
	（流動）股權證券及其他投資	15,777
	（非流動）股權證券及其他投資	246,834
		262,611
	阿里巴巴企業價值：	1,889,894
	阿里巴巴企業價值（億港元）：	23,057*

資料來源：阿里巴巴集團控股有限公司截至2021年9月30日止六個月業績

*註：以1.22港元兌人民幣1元換算

第四章　巨企不同業務的估值

以上圖4-7算出的18,899億元人民幣（折合23,507億港元）企業價值包含了所有業務的估值及權益法核算的投資（即33%螞蟻集團權益）的價值，所以如果我們要計算商業及創新業務的估值，即需要減去除商業及創新業務外的業務之估值及33%螞蟻集團權益的價值，具體計算如下：

圖4-8　阿里巴巴商業及創新業務價值

		億港元
	阿里巴巴企業價值	23,057
減：	雲業務估值	524
減：	數字媒體及娛樂	
	持有51%股權之阿里影業	116
	全資持有之優酷	421
	小計	537
減：	其他	
	持有63.74%阿里健康	600
減：	持有33%的螞蟻集團權益	1,721
	商業及創新業務價值：	19,675

資料來源：阿里巴巴集團控股有限公司截至2021年9月30日止六個月業績

從圖4-8算式，我們可以計算出阿里巴巴的商業及創新業務的價值為19,675億港元。我們再看這項目的EBITDA，不過阿里巴巴只提供了獨立分部的經調整EBITA（即是經營利潤＋股權激勵費用＋無形資產攤銷），我們就從公司截至2021年9月30日止六個月的中期業績，計算商業分部及創新業務，和其他分部項目的半年經調整EBITA，並將之簡單年化：

圖4-9 阿里巴巴經調整EBITA

[截至2021年9月30日止六個月]	半年	全年
	百萬元人民幣	百萬元人民幣
商業分部	78,861	157,722
創新業務及其他	(5,030)	(10,060)
小計	73,831	147,662
減： 阿里健康經調整EBITA虧損	(244)	(488)
商業及創新業務（不包括的阿里健康）經調整EBITA	74,075	148,150

資料來源：阿里巴巴集團控股有限公司截至2021年9月30日止六個月業績

因為阿里健康是包含「其他」分部內，所以我們要將阿里健康的業績從「創新業務及其他」分部業績剔除。為此，我們要先知道阿里健康期內經調整EBITA，圖4-9中顯示答案為虧損2.44億元人民幣，計算方法如下：

圖4-10 阿里健康經調整EBITA

		百萬元人民幣
除稅前虧損		(229,862)
減：	應佔以合資公司溢利	1,329
減：	應佔以聯營公司虧損	(25,714)
減：	以公允價值計量且其變動計入損益之金融資產之公允價值收益	224,102
		(429,579)
加：	無形資產攤銷	2,465
加：	股權激勵費用	182,975
經調整EBITA虧損		(244,139)

資料來源：阿里健康信息技術有限公司截至2021年9月30日止六個月業績

從圖4-9的計算，就可以得知阿里巴巴的商業及創新業務（不包括的阿里健康）EBITA約為1,482億人民幣，折合約1,808億港元。那商業及創新業務的EV/EBITA倍數即為19,675億 / 1,808億港元＝10.9x。

估值只是分析的起點

數字部分終於完成，就上述計算有幾個地方小薯想請讀者思考：

• 以上商業EBITA並沒有加回這半年近328.9億人民幣的關

鍵策略投入（就是搶佔新零售業務、本地生活服務、淘特、Lazada、菜鳥網絡和其他業務等市佔的特殊支出），而如果大家又追蹤阿里巴巴的消息，大約也會了解這些關鍵策略投入是如何來的，而事實上，在2020年的業績發佈會，阿里巴巴也表明加大關鍵策略業務的投入。

· 以上估值沒有把菜鳥網絡獨立出來。京東物流執筆時市值1,660.2億港元，市佔率是較菜鳥大，不過，菜鳥是整合其他市場玩家的物流網絡，構建聯盟，而非自建物流網，國際線較強；而京東自建物流網，僱用人手多，成本重，所以京東物流賺錢能力較弱（有興趣的讀者，可看小薯在YouTube有關京東物流的討論）。

翻查資料，於2017年9月，阿里巴巴以53億元人民幣，增持旗下菜鳥網絡股份，持股比由原來的47%增至51%，及後於2019年11月，再斥資233億元人民幣，相當於33.3億美元增持菜鳥網絡，持股比例將由51%增至63%。這個增持，意味著菜鳥網絡的估值為1,942億元人民幣〔233億人民幣／（63% － 51%）〕。另一邊廂，《中國獨角獸企業研究報告2021》指出，菜鳥網絡於2020年年底的估值高達300億美元，京東物流於2020年年底的估值則為134億美元。

根據阿里巴巴2021年的財務資料，剔除關聯交易，菜鳥第三方收入373億元人民幣。而京東物流的招股書透露，京東物流2020財年年總收入734億元人民幣，但當中有395億

第四章　巨企不同業務的估值

元人民幣是京東及騰訊提供，即實際第三方收入為約339億元人民幣。大家可以大約計算菜鳥值多少錢。

· 以上估值是包含了Lazada，阿里巴巴沒有把它的業績獨立列示出來。騰訊的SEA Limited執筆時市值943.2億美元，折合約7,357億港元。根據網上資料，2017年6月，阿里巴巴收購了Lazada的另一名股東贊達的股份，持股佔比由2016年4月初期投資時的51%增至83%。及後於2018年3月，阿里巴巴又在Lazada投入了20億美元，前後總投資額達40億美元。Sea Limited在東南亞的市佔較Lazada大，但兩者的規模是叮噹馬頭。雖然，Sea Limited有Gaming、Sea Money和巴西業務及剛起步的歐洲業務，但也是一個不同的參考點，大家又可以估計一下Lazada值多少錢。

· 以上估值是包含了餓了麼。執筆時市值約14,600億港元，雖然餓了麼跟美團不能比較，但不等於沒有價值。阿里巴巴沒有提供餓了麼的收入，不過阿里的本地生活服務（包含餓了麼）半年收入183億人民幣，美團截至2021年9月30日止六個月的半年收入808億元人民幣，單計餐飲外賣也有437億元人民幣，大家又可以大約也估計一下餓了麼值多少。

· 現在將阿里巴巴的天貓對上京東，將淘特對上拼多多。執筆時，京東市值1,203.8億美元，折合約9,389.6億港元，當中括了佔63.46%的京東物流（執筆時市值1,660.2億港元）；

拼多多市值828.7億美元，折合約6,463.9億港元。如果阿里巴巴的商業及創新業務的價值19,675億港元扣掉上述菜鳥網絡、Lazada、餓了麼，剩下來就是阿里巴巴的中國零售商業的價值，而淘寶是中國第一大電商，大家不妨估計阿里巴巴的中國零售商業價值多少。

如果不是對阿里巴巴的業務熟悉，對競爭對手有所了解，是不可能這樣仔細評估阿里巴巴的價值。當然，你也可以將阿里巴巴作為單一體做估值，執筆時，阿里巴巴的企業價值為18,899億元人民幣（折合23,507億港元），半年經調整 EBITA 及經調整 EBITDA 分別為698億元人民幣及835億元人民幣，簡單年

化全年經調整EBITA及經調整EBITDA分別為1,396億元人民幣及1,670億元人民幣，EV/EBITA為13.5x以及EV/EBITDA為11.3x，這反映了阿里巴巴所有版塊的價值，但不會知道每一個部門的價值。如果有一天集團將部門分拆，將當中的股權給你時，你也不知道公司提出來的估值是否合理。

上文小薯雖然直接使用阿里影業、優酷、阿里健康的市值及金山雲、金蝶國際的市值去計算阿里巴巴的「雲業務」、「數字媒體及娛樂」及「其他」分部的估值，更理想的做法應該是逐一計算這些業務的合理估值；以及以評估金山雲、金蝶國際的合理估值計算這些業務的合理估值去推算阿里巴巴的「雲業務」的合理估值，然後估算阿里巴巴的「商業及創新業務」價值。可是，這裡又涉及其他更繁複的計算，加上執筆時以上公司股價都跌了不少，小薯就簡化了方法，得出上文的計算。

在執筆時，阿里巴巴股價由52週高位的269.4港元，腰斬下跌一半至127港元，相信不少在高位買入的朋友，賬面虧損40%以上。小薯沒有給大家直接計算阿里巴巴的估值，因為無論如何計算都是便宜。相比同業，小薯不計算香港科技探索（1137）和京東的EV/EBITA，跟散戶直接看市盈率。香港科技探索，只是主力香港市場，市盈率43x；盈利能力沒有阿里巴巴電商業務那麼強的京東，市盈率則為20x，而阿里巴巴整體市盈率卻只得18x，如前文計算，公司的商業及創新業務的EV/EBITA倍數也只有10.9x。

最後，小薯不知道有多少人會認真去為阿里巴巴做估值，而事後又不會被市場左右。不過，如果認真對阿里巴巴的業務熟悉、了解其競爭對手，仔細閱讀帳目，就應該要對自己有信心。如果沒有信心就不要買、不要信，有貨就止蝕，因為你根本沒有信心，也不可能敢於持貨。執筆時，不知道阿里巴巴未來走向，不過，「買得就唔好嗌，嗌得就唔好買」，小薯在這個時候會繼續持貨，就預算了阿里巴巴會在香港市場、美國市場，齊齊退市 total losses，但因為小薯已經做足風險管理，若然真的發生時也能安然渡過。

年報以外的 價值解密

年報是管理層撰寫的，孰真孰假，我們必須驗證。因此，小薯也會留意公司的投資者日的報告、公司公告管理層的採訪、每季的電話會議、大行分析報告（主要是看看行業走勢）以及任何其他公司或產業有關的訊息。這些額外的資料一來可以讓小薯評估管理層和公司實力和未來前景，也可以評估整個行業有甚麼大變化。公司目前正值優勢或困境，這是整個行業的問題，還是公司本身出現問題？這些額外的訊息可以與業績的財務情況互相印證。

我們已經多角度拆解公司財報，分析公司價值，但公告也可看出公司價值所在的線索。上市公司公告是指公司就經營情況、財務狀況、經營成果、併購重組等所有對股價可能產生較大影響事項，向全體股東作公開正式的披露。

同樣，如果是港股，就可以在「披露易」搜尋該公司的公告，如果是美股，就是美國證券交易委員會（SEC）網頁搜尋。上市公司的公告是有一定的監管要求，對其真實性、準確性、完整性、及時間、公平性有相應的法律責任。現今金融市場的監管力度愈來愈大，加上投資者對上市公司的透明度要求愈來愈高，因此現時上市公司在披露易正式發布的公告中，一般不會存在明顯的虛假、誤導或遺漏。

可是，有些「非正式公告」未必是這樣，它大多不會在披露易正式發布，包括沒有依據上市條列進行披露的新聞稿、研究報告、吹風會消息、小道消息，甚至是傳聞，其真實可靠性沒有保障，因此有些大戶莊家就利用非正式公告欺騙散戶、操縱股價。因此，投資者應對上市公司非正式公告的資訊來源仔細分析，即使正式公告也要詳細理解，因為當中也可為投資者提供發展前景的消息。

那麼，本章從「標題、概要、正文」三步，跟大家分享小薯如何分析一份上市公司公告。

第一步，初步預覽公告的標題。這或多或少已經說出公告內的內容，例如領展在2021年11月10日，公布一則題為「收購位於香港之兩幢停車場／汽車服務中心及倉庫大廈－柴灣嘉業街60號及紅磡寶來街50號」的公告，一看標題就知道是關於領展的收購事項。

我們重點關注的應該是那些可能對公司資產、負債、權益和經營成果產生重要影響，及可能對股價產生較大影響的公告，例如重大投資或合作、資產重組、兼併收購、資產出售、股權轉讓、經營業績、公司遭受重大損失、分拆、重大訴訟、股息、股票狀態變化（如配股、合股、拆股等）等等。相反，一些恆常的公告，例如月報表、翌日披露報表等就毋須太大關注。

第二步，閱覽公告內的概要。通常公告一開首會有概要，簡單介紹公告要點。有些公告較短，一口氣閱讀不會太辛苦，但有些公告可能長達幾十頁甚至過百頁，這個概要就能讓我們可以快速了解公告內容，對提到的交易有大致的判斷，是利好是利淡公司呢？

第三步，詳細分析公告正文。投資者可以從以下幾方面詳細分析：

1. 公告內事項的具體情況（例如主體是甚麼？作價？），發生該

第五章　年報以外的價值解密

事項的原因等。是一次性，還是以前也有發生過類似事件？通常在公告中，也會有一個章節討論進行該事項的原因。

2. 事項中的交易對象的背景。在公告中必定有一個章節交代進行該事項的交易對象的背景資料。

3. 該事項的進度如何？是已發生的？抑或只是意向性，連協議也未達成？還是已達成協議，要由股東批准？如果只是意向性，而藉此做投資決定，那如果事件最後沒有發生，那可能追悔莫及！例如中國恒大（3333）在2021年爆發財政危機期間，公佈正與一間公司意向出售一項物業項目，如果出售事項達成協議並順利完成，那可大幅削減公司的債務。假設你是基於這個意向性的消息，認為恒大財務會有所改善而買入股票，但最終交易告吹的話，那你的投資就可能面對虧損。

4. 該事項對公司有甚麼影響？

   i. 影響是已經過去（例如發佈過去一季的營運指標），還是將來（例如收購事項）？

   ii. 財務上及經營上的影響？通常在公告中，也會有一個章節討論該事項對公司的財務影響，例如新增多少收入和利潤，或者被收購的公司的財務狀況等。有些事項未必是有實質財務影響，但營運上可能會有重大變化，例如更換會計師、董事的委任或請辭、大股東的變動，業務變化等。

iii.影響是短期還是長期？例如出售有重大盈利的業務，獲得一大筆盈利，短期好像利好，但是因為少了一個賺錢的業務，那長遠未必是好事。

iv.直接影響，還是間接影響？例如領展於澳洲悉尼三個零售物業的50%權益，如果有一天公告說澳洲政府為所有零售物業業主提供一次性補貼，這對領展就有間接得益。同一件事，直接影響比間接影響的影響力要大很多，錢始都是直接進自己的「荷包」才是最值錢。

5. 該事項是否有承諾（例如出售一個物業，但承諾會繼續租用）？這些承諾對公司有甚麼影響？有擔保嗎？

6. 該事項存在哪些風險？或者可能是一個新的市場機遇？例如，假設 Amazon 公佈與阿里巴巴達成一個合併計劃，合併後新公司就會成為全球的電子商貿巨無霸。投資者通常會把這事視為重大利好並追入兩家公司的股票。可是，他們可能忽略了一些重大風險，例如中國和美國的商務部未必會批准這個計劃；或者即使合併成功，也可以引來更多反壟斷法等法律方面或其他政策上的風險。

7. 如果不是交易事項，那是否一些澄清公告？例如澄清市場傳聞、沽空報告、媒體報導等。

大行研究報告多隱惡揚善

最後，關於「非正式公告」那些沒有依據上市條列進行披露的資料，小薯奉勸各位謹慎使用，記住「提子」（提防騙子），切勿輕信傳言。例如研究報告，是分析師通過研究上市公司公開資訊，加上分析師對行業的研究，作出客觀的判斷。可是，小薯在工作中也接觸不少投行朋友，了解到大行分析師或多或少會有隱惡揚善的傾向。這不難理解，因為投行的生意也大多來自上市公司，而投行很多的分析資料也源自於管理層。如果分析師經常「唱淡」公司，公司也不會願意跟投行做生意。同時，不少的管理層的薪酬也與公司的股價掛勾（股份獎勵計劃或股份認購計劃），「唱淡」公司即是幫管理層「倒米」，直接損害到他的利益，那管理層還會提供資料給這個分析師嗎？不同你反枱已經偷笑了！

另外，相信大家也聽過微信女，有些大戶莊家就利用微信女散佈小道消息或者謠言，欺騙散戶、將股價舞高弄低，收割韭菜。雖然有時上市公司也會作出澄清公告，但大部分時候公司也不會就市場傳聞澄清。因此，投資者不要輕信傳言。

領展高層訪問
解讀收購模式

除了正式公告，上市公司的新聞也可留意。公司管理層不時接受傳媒訪問，透露公司未來發展方向，這可以給投資者多一個參考。例如網媒《香港01》於2021年12月刊出「110億狂掃海外物業　領展霍業生：港短期通關未敢過份樂觀」報道，專訪領展（0823）資產管理（中國）總監霍業生。小薯此解讀公司發展趨勢。此報道引述霍業生提到：

「香港市場不少貴重物業均由實力雄厚的大業主及發展商持有，相關放盤少，為維持高增長目標，未來仍會繼續在外地物色投資機會，而且會分散投資組合，『唔同籃放唔同類型雞蛋』……

他又認為，香港大業主及發展商普遍實力雄厚，放賣貴重資產的機會較少，故集團未來會繼續主力在外地物色投資機會，通過收購活動提高增長，不過『都要看機遇』……」

小薯：這裡顯示公司買入外地物業，不是看淡香港，不是不想買香港物業，而是買不到。他們有這個需求，但可惜沒有合適供應，那只好放眼其他地方。同樣，也代表公司依然看好香港市場，所以之前領展也有入標競投加路連山道的商業地皮。另外，

這個說法也不是領展第一次提出，時任領展財務總監翟迪強在接受內地財經雜誌《地產》的記者綫麗陽（刊於2015年8月27日）的訪問中也提及：「香港的商業物業主要掌握在幾大家族發展商手中，這些發展商並不缺錢，因此並不想賣物業，領展難以找到合適的投資機會。」

「就短期內會否再度減持旗下本地民生區商場，霍業生指，現時零售市況欠佳，即使放賣估價亦不會理想，故暫無計劃再作大規模放售。對於本港短期有望通關，霍業生則表示未敢過份樂觀。」

小薯：即是現在不會再賣香港物業，但當市場轉好時，相信會放售二、三線物業，轉為買入其他更高端的資產。同時，連同上一句，發展方向相信依然是以零售為主。

「對於首度進駐物流業領域，領展霍業生表示，物流這個市場在疫情前已經相當蓬勃，加上近年網購盛行、商業及經濟發展均需要此類配置，認為集團有需要擁有此類資產，只是過去未有機會涉足此範疇。」

小薯：回帶，領展於2021年10月以7.54億元人民幣，收購分別位於東莞及佛山的兩個新落成現代物流物業的75%股權，是首次進軍物流業。另外，在2021年11月，也在香港收購了位於紅磡及柴灣之兩幢停車場／汽車服務中心及倉庫大廈，及在澳洲收購了悉尼核心商業區三個零售物業組合之50%權益。從霍業生

先生的說話，即是說，公司現在大陸、香港和澳洲終於找到平貨了！Thanks to 政府給予機會。另外，網購不一定會打擊公司業績，公司是線下賺錢，但即使客人轉為網上購物，公司仍然可以賺錢，公司還可以分散投資組合風險。同樣，亦意味這次不是第一單收購，而是陸續有來，因為之前太貴，所以「過去未有機會涉足此範疇」。

同時，翟迪強在上述《地產》的訪問中也提及：「從長遠來看，領展未來的業務增長或面臨瓶頸，進軍內地和建設持有寫字樓能為領展長期持續的業績增長提供基礎；另外，從當前來看，領展此前的物業都在香港，且以零售物業為主，無論從區域還是從物

業形態上講，都面臨著較大風險，這些舉措有助於規避風險。而香港REITs守則的適時變更又為上述舉措的實施提供了可能。

「零售物業將繼續會是領展未來主力收購目標。集團今年內三度於上海、廣州及澳洲買入大型購物中心等零售項目，涉額超過103億港元。霍業生指，今年收購的零售物業不少是與合作伙伴共同持有，而且購入價處於低基數，預計未來可錄較高增長。」

小薯：這裡進一步強調，公司會以零售為主，而且對股東說：「唔理你邊個地方，我就係專食找平貨，用賤價買靚貨，要平靚正，你放心繼續持有，實有運行。」當然，就看股東們信不信了。

「他又補充，各類資產類別的租金增長周期有別，租金亦有不同波幅，持有多元化的資產可令集團得到更平衡、穩定的增長。『以前集團剩係得一個地方（香港），市況好果時表現好好，但唔好果時，就好似將所有雞蛋放喺同一個籃，有一定風險，嗱家我哋有唔同籃放唔同類型嘅蛋，營運更加穩定。』」

小薯：用人話講，即是：「你哋成日話我得香港屋邨場，而家我咩都有，而且我做到更平衡、穩定的增長」，目前領展在香港的物業組合包括商場、辦公室以及停車場，同時也有內地和海外物業，有零售、辦公室、停車場，也有物流物業。這裡含意是「你唔使擔心派息，我仲會平穩有序慢慢加派，唔會好似香港有啲REITS突然無得派息」，因為領展的派息其實就是由租金而來的。

圖5-1 領展現金流量表

	附註	截至2021年 9月30日止 六個月 (未經審核) 百萬港元	截至2020年 9月30日止 六個月 (未經審核) 百萬港元
營運活動			
營運活動所得之現金淨額		3,076	3,167
投資活動			
收購資產	27	(2,449)	(6,729)
收購合營公司		(982)	–
添置投資物業		(437)	(416)
添置物業、器材及設備		(8)	(20)
已收利息收入		62	79
以攤銷成本列賬的金融資產出售及到期所得款項		408	–
已支付收購資產之按金		(66)	–
用於投資活動之現金淨額		(3,472)	(7,086)
融資活動			
扣除交易成本後之帶息負債所得款項		7,628	13,325
償還帶息負債		(4,131)	(12,345)
償還來自收購資產之借款	27	(713)	–
應付非控制性權益增加		14	14
已支付利息開支		(463)	(502)
支付租賃負債		(2)	(2)
已向基金單位持有人派付之分派		(2,336)	(2,339)
回購基金單位予以註銷		(82)	(379)
用於融資活動之現金淨額		(85)	(2,228)
現金及現金等價物減少淨額		(481)	(6,147)
於4月1日之現金及現金等價物		2,530	7,877
現金及現金等價物受匯率變動之影響		13	84
於9月30日之現金及現金等價物		2,062	1,814

資料來源：領展房地產信託投資基金 2021/2022 中期報告（第55頁）

第五章　年報以外的價值解密

圖5-1顯示領展2021/2022中期報告的現金流量表反映公司營運活動所得之現金足夠用來向股東派息（已向基金單位持有人派付之分派）及回購基金單位，而領展的營運活動又是甚麼？就是出租物業而得來的租金收入呢！

同時，其實這個說法也與公司在2019年宣佈的「2025」願景策略一致。該策略目標是通過多元化策略及收購優質資產以提升領展的物業組合質素，最終使每基金單位分派增長，以及維持信貸評級的3A評級。

圖5-2　領展收益

6　收益	2019年 百萬港元	2018年 百萬港元
年內確認之收益包括：		
租金		
一零售及商業物業	7,648	7,554
一停車場	1,979	2,046
	9,627	9,600
其他收益		
一空調服務收費	348	375
一其他物業相關收益	62	48
	410	423
總收益	10,037	10,023

資料來源：領展房地產信託投資基金2018/2019管治、披露及財務報表（第107頁）

圖 5-3 領展收益來源

4 收益

期內確認之收益包括：

	截至2021年 9月30日止 六個月 (未經審核) 百萬港元	截至2020年 9月30日止 六個月 (未經審核) 百萬港元
租金		
一香港零售物業	3,121	3,066
一香港停車場	1,042	931
一內地零售物業	491	414
一香港、內地及海外辦公室	433	353
其他收益(附註)	691	469
總收益	5,778	5,233

資料來源：領展房地產信託投資基金2021/2022中期報告（第57頁）

從公司的收入分佈看，公司由2018/2019財年93.6%和6.4%的租金收入分別來自香港和內地，約79%和21%分別來自零售資產和停車場資產（見圖5-2）。到2021/2022財年中期，租金收入有50.87億港元（見圖5-3），當中約18%由非香港地區而來，約71%、20%和9%分別來自零售資產、停車場資產和辦公室資產，而現在更加入了物流資產。物業組合也由2018/2019財年香港和內地分別佔約86.8%和13.2%，到2021/2022財年中期，香港、內地和海外分別佔約78.2%、16.8%和5%。同時，縱使中間經歷2019年的社會運動和2020年的疫情，公司已向基金單位持有人派付之分派總金額，亦由2018/2019財年約55.2億港元升至2020/2021財年59.2億港元，證明霍業生先生所描述：「多元化的資產可令集團得到更平衡、穩定的增長。」

小薯：訪問中，霍業生先生亦有提到領展於2016年購入旺角彌敦道700號商廈物業。

「霍業生指，『個商場（T.O.P）Day One開始已唔係主打內地客，而係主力做年輕人生意，但整體消費力跌咗，商場都跟隨大市跌。』近年接連受反修例風波及疫情影響，T.O.P在2019年底至2020年初出租率曾一度下挫至約80%水平，不過，近期出租率已明顯有改善，回升至新近的97%。」

小薯：這裡就是領展「認衰仔」，對T.O.P的策略是誤判。不過，公司現在肯改錯誤！不過，回報未必有預期那麼高！不過，其實小薯會期望管理層再早一點時間承認錯誤。

估值日期（百萬港元）	旺角彌敦道700號*	升/（跌）幅	資本化率	累計升/（跌）幅	估值日期（百萬港元）	朗豪坊**	升/（跌）幅	資本化率	累計升/（跌）幅
2017年3月31日	6,118.0	——	3.0%	——	2016年12月31日	27,511	——	4.2%	——
2018年3月31日	5,231.4	(14.5)%	3.0%	(14.5)%	2017年12月31日	30,543	11.0%	3.9%	11.0%
2019年3月31日	5,470.1	4.6%	3.0%	(10.6)%	2018年12月31日	33,245	8.8%	4.0%	20.8%
2020年3月31日	4,341.1	(20.6)%	3.10% - 4.50%	(29.0)%	2019年12月31日	32,648	(1.8)%	4.0%	18.7%
2021年3月31日	4,095.5	(5.7)%	3.10% - 4.50%	(33.1)%	2020年12月31日	26,186	(19.8)%	4.1%	(4.8)%

*前稱工業貿易處大樓，由領展於2016年收購，於2018年6月開業，包括零售商場(T.O.P This is Our Place) 和辦公室大樓

**朗豪坊為零售／寫字樓／酒店／停車場綜合樓宇

資料來源：領展房地產投資信託基金及冠君產業信託年報

先利申，小薯持有領展。自 T.O.P 翻新完成後，途經旺角也會入去行一行，作為「老闆」，要有老闆的思維，巡下鋪是常識吧！內裡的人流真的未如小薯當初的預期多，再看看列於領展年報的 T.O.P(旺角彌敦道700號)的估值資料，大家可以看到物業的估值基本上多年來都呈現下跌趨勢，反映 T.O.P 的收入有向下趨勢，當然管理層可以解說物業只於2018年6月開業，要時間發展，但不巧又遇上2019年的社會運動及2020年的疫情影響。

可是，對比冠君(2778)旗下、同區的朗豪坊，雖然估值日期有所不同，但也有一定參考，這看得出 T.O.P 的估值表現的差距。朗豪坊及旺角彌敦道700號5年下來累計估計跌幅分別為4.8%

及33.1%，雖然資本化率會有所影響，但趨勢上看，其實早一兩年就應該見到這個問題。

「今年上半年疫情轉趨穩定，T.O.P亦吸納15個新租戶進駐，部分新租戶本來是網上商店，但選擇重返商場開設實體店。」

小薯：誰說線下已死？這一句就是直打臉說「線下已死」的人。

「網店重返實體店，反映Online做得再好，都要返Offline（做生意），網店成本唔會輕，運費、包裝費、上架費、退貨等都係負擔，而且消費者體驗感唔夠，Online始終唔能夠完全取代Offline。」他預計，未來線上線下銷售互相將配合。」

小薯：再一次打臉說「線下已死」的人。更甚是，公司要從線上賺錢，其中一部分就是物流，而未來應該還會有Online to Offline方面的投資。

「至於集團2021年上半年整體零售物業出租率97%，有達400個新租戶進駐旗下商場。他認為，疫情放緩及消費券刺激下，商場生意、食肆餐飲表現已較疫情期有明顯好轉，中式酒樓節日訂枱也出現"full booking"情況，商場停車場的使用率也有提高，反映市民願意外出消費。面對新型變種病毒來襲，他則表示暫時不太擔憂，『冇想像中咁驚』。」

小薯：霍生直接跟股東們說：「你哋放心，2021/2022年財年份財報，應該會比2020/2021年財年好轉（註：消費券在2021年

下半年派發）。」雖然好像是廢話，因為2021年業績在疫情下真的表現不太好，但是2021/2022財年下半年估計會比上半年好，甚至有機會回到疫前的情況。

「而且，目前零售核心區的街舖空置率仍然處於偏高水平，街道各舖位業權分散，街舖業主始終只能單打獨鬥，租金也因此會較為波動，『上得快時，落得亦快』，不會如商場般擁一站式管理，租金穩定，抗跌力也較強。」

小薯：最後這一句，小薯覺得是有少少抽水成份。對買地舖投資的朋友說：「你哋咪自招麻煩，買領展，唔需要你管之餘，仲要穩定有增長，舒服好多。」另外，更傻的是，就是買業權分散的商場。商場的好處就是一站式管理，所以租金穩定，抗跌力也較強。買業權分散的商場，就沒有這個優點，又要自己管理，投資又沒有地舖那麼高，所以比買地舖更傻，更辛苦。

這就是小薯平時是這樣讀管理層訪問，了解公司動向的方法。當然，管理層多數是報喜不報憂，閱讀時也要與其後資料佐證呢！

投資是一個
挑戰自我的馬拉松

很多人會迷信專業，以為考個CPA、CFA牌，好像CPA那樣看懂會計三寶或者好像是CFA那樣學懂估值，就懂得投資。如果分析財報就能讓投資成功，那不少CPA就應該已經發達的，就不用以「無限OT」知名！也不會有人爭取要求減工時。

投資公司未來　財務分析不應喧賓奪主

從小薯的經驗來說，財報分析其實在投資是佔一個很少的部份。甚至，相對起財報分析，小薯更看重公司的業務發展、管理層質素。財報（這里泛指財務報表和附註）只是利用會計這個商業語言，把公司的過去一年的業務發展量化，令大眾更容易明白。這不代表會計知識不重要，只是希望不要喧賓奪主，因為我們買的是公司的未來，而不是財報表現出來的過去。

通過閱讀，學習前人經驗，建立好自己的理財觀念，其實是整個理財的最重要基礎。以小薯為例，這個階段小薯會閱讀很多經典著作，例如：《富爸爸》系列。當建立了正確的理財觀念，初步

了解不同的投資工具，接著選擇適合自己的投資工具，因為投資工具不一定只有股票、債券、房地產、商品等。

如果你打算以債券、股票為主，這時才學習投資股票相關的知識，這個時候小薯就開始閱讀葛拉罕的《智慧型股票投資人》（*The Intelligent Investor: The Definitive Book on Value Investing*）、傳奇投資大師彼得林治（Peter Lynch）及巴菲特的叢書等。近幾年也看看在香港的投資者，如財經博客止凡、鍾記等如何應用這些經典知識。同時，財報分析和估值也是這個時侯學習。財報和估值的基礎知識其實是一堆算式，如何理解才是重點。

當不斷累積價值投資、財報分析和估值相關，就會發現很多書的內容理念大致是相同，閱讀的範圍就會慢慢轉向自年報（不是財務）和公司研究分析。不斷的閱讀年報和公司研究分析，就能磨練財報分析和估值的技巧，更了解現實的商業運作。如果不閱讀年報實踐，看多少解釋價值投資的書籍也只流於紙上談兵。

在初期，可以會跌跌撞撞，好像寸步難移。不過，只要通過反覆的練習，自己的投資計劃及系統就會慢慢成型。最後，只是跟隨住自己的經驗證成功的系統，就能慢慢達到終點。

當然，小薯明白很多人都會很努力，但可能會對自己的進步覺得甚慢而感到沮喪。可是，有進步，不是應該感到開心，而非沮喪吧？感到沮喪可能應是因為與人比較好像很慢吧！可是，我們

投資需要和他人比較嗎？每個人的風險胃納、資產配置、資本都不同，根本不可能與別人有一個有意思的比較。別人買中小型股票，1萬元資本，賺1,000元或10%，自己買大型藍籌，1,000萬元資本，賺50萬元或5%。你能說你做得比別人差嗎？從百分比角度看，你是做得比別人差，但金額上又勝過別人，計及風險的回報百分比，又可能打和，你怎樣比較才正確？

特別是現在資訊泛濫，不管是財經雜誌，還是社交媒體，人人也可以是股神。羅列一堆人所共知的優質公司，又或者一些單看個體公司資料前景好像很好的公司，就是一個選股很厲害的高手；又或只交出給交易紀錄卻淺於相關公司分析，表現出自己回報超高。這些「股神」的風險胃納、資產配置、資本你一概不知，你能一一比較嗎？

我們從小的教育就是不斷要跟人比較，被比下來就會不開心。最後，為了和別人比較，反而破壞了自己的系統，得不償失。如果真的要比較，就與大市比較吧！因為如果長年跑輸大市，不如就買指數基金，買大市吧！如果已能跑贏大市，就與自己比較！自己有沒有進步？能否提早達到自己的理財計劃？在人生中有沒有其他方向能令自己的人生更圓滿？要清楚知道，我們投資不是為是贏遍所有人，而是為了讓自己的人生更圓滿。

要跟大眾走？抑或我行我素？

2021年5月時ViuTV播放了一個節目《ERROR自肥企劃》（下簡稱《自肥》）。這節目令小薯重拾失去良久準時「擔凳仔，坐定定看電視」的感覺。《自肥》基本上是以Kuso（惡搞）為主軸，但到了最後一集，有一個很完美的「轉向」。節目導演，人稱「格仔導演」的Mike導以「堅持」為題，在最終章不玩惡搞，不搞笑，無低俗，向觀眾講述製作組心目中電視及娛樂節目的意義。

當中ERROR其中一員的肥仔說到：「ERROR都係符號，係一種意義嘅載體。」而「呢個載體代表嘅係一個無框架，無枷鎖，無局限嘅生存方式」。不過，事實上，「世界其實唔係有咁多制肘」，「世界其實唔係有咁多痛楚」。其實，自己想深一層，「制肘」、「痛楚」，「壓力」、「無力」、「迷失」，究竟是世界投射給我們的一種符號，還是我們給世界自己想出來的一種載體？自己窮，是因為自己的思維限制了自己的生存方式，還是我們不敢去嘗試突破框架、枷鎖，令自己發達？

最後，Mike導說：「但無論結果係點，總之我哋而家行緊一條好特別嘅路，而呢條路係得我哋先會行」。這一句話真的中到小薯的心坎。我們投資，要跟著大眾走，還是維持自己的想法，「別人貪婪我恐懼，別人恐懼我貪婪」？投資，是一個人的事，亦是一群人的事。每個人都是個體，亦是一群人的個體，是整個市場的其中一部分。在自己堅守自己投資「信念」的同時，與一班跟

自己有著一樣「信念」的群體，一齊戰鬥，最後實現自己投資的「信念」。

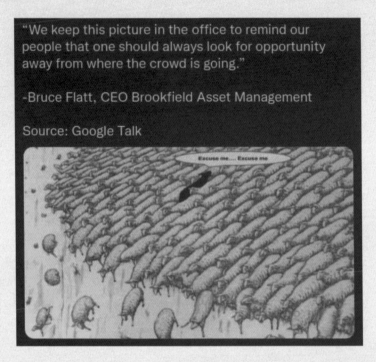

"We keep this picture in the office to remind our people that one should always look for opportunity away from where the crowd is going."

-Bruce Flatt, CEO Brookfield Asset Management

Source: Google Talk

說到這裡，小薯就想起有「加拿大巴菲特」之稱、資產管理公司 Brookfield 行政總裁弗拉特經常提及的一幅畫。我們跟著其他白羊走，走著社會設定好的路線，可能是比較安心舒服，但肯定是對嗎？還是要做黑羊走對的路？其實，我們想行的路，是別人預設好給我們的安穩道路？還是走一條自己相信、專屬自己的道路？為了自己相信的東西而去冒險，不枉自己一生？

Mike導這一種精神，不就是創業家的精神、我們香港人的精神？一種打不死，一種「衝咗先算，打死罷就」的拼搏精神？正正就是這種精神，成就香港一頁又一頁的光輝神話？容許小薯引用回《年報解密》後記中的一句，我們不妨撫心自問：「你投資的最初、最純粹的目的是甚麼？」其實，我們人生有甚麼意義？

你達到財務自由，其實只是想做白羊跟著其他白羊走，但是較遲跌落懸崖；還是做黑羊，可能是面對指摘、面對孤獨，但堅持走對的路，不管是投資、是人生，答案就在我們每人的心中。

小薯

寫於2022年2月農曆年

Wealth 140

價值解密

透視企業的核心價值

作者	小薯
出版經理	曾玉英
責任編輯	Jodi Wong
書籍設計	Stephen Chan
相片提供	Getty Images

出版	天窗出版社有限公司 Enrich Publishing Ltd.
發行	天窗出版社有限公司 Enrich Publishing Ltd.
	香港九龍觀塘鴻圖道78號17樓A室
電話	(852)2793 5678
傳真	(852)2793 5030
網址	www.enrichculture.com
電郵	info@enrichculture.com
出版日期	2022年2月初版

承印	嘉昱有限公司
	九龍新蒲崗大有街26－28號天虹大廈7字樓
紙品供應	興泰行洋紙有限公司

定價	港幣 $158　新台幣 $790
國際書號	978-988-8599-76-9
圖書分類	(1)工商管理　(2)投資理財